Kleine Gärten und Balkone

Ursula Barth

Kleine Gärten und Balkone

Grüne Oasen auf wenig Raum

Mit Fotos von Nik Barlo jr.
und Christa Brand

Bild Seite 1 Sitzplätze kann man im Garten gar nicht genug haben. Hier lädt eine nostalgisch anmutende Bank aus Metall und Holz, die in der überreich blühenden Strauchrose einen romantischen Partner gefunden hat, zum Gartengenuss ein.

Bild Seite 2/3 Heimelige Nischen sind ideal für einen zweiten Sitzplatz im Garten. Die umgebenden Sträucher und Stauden geben Rückendeckung und vermitteln Geborgenheit – und der Garten breitet sich wie ein Gemälde vor dem Betrachter aus.

Bild Seite 4 Stadtgärten dienen als Ruhepunkt und grünes Refugium inmitten der umgebenden Hektik. Hier zaubern kleine Bäume in Kübeln Gartenatmosphäre, Balustraden und Säulen lassen südländisches Flair aufleben.

Inhalt

5

Kleine Gärten und Balkone

6

Wege, Treppen und
Mauern prägen das
Gesicht eines Gartens
auf ganz wesentliche
Weise. Sorgfalt bei der
Wahl der Materialien
und in der Ausführung
lohnt sich also
allemal, ebenso wie
die Liebe zum Detail.
(S.19ff)

Die Pflanzen sind es,
die die Gartenräume
so besonders machen.
Ihre Lebendigkeit, ihre
Wandlungsfähigkeit,
ihre Farben, Formen,
Strukturen und
Texturen, ihre bunte
Schönheit sprechen
unsere Gefühle an wie
kein anderes Element
im Gartenreich.
(S.26ff, S.62ff, S.106f)

Mit persönlicher Note
angereichert, wird
der Sitzplatz zum
beliebten individuellen
Refugium unter freiem
Himmel.
(S.23ff, S.84f)

Vom Boden abgehoben
und dem Himmel so
nah. Mit Balkonen und
Terrassen wird der
Gartengenuss einfach
eine oder ein paar
Etagen höher gehoben!
(S.58ff, S.116ff)

für Muße und Geselligkeit

Kleine Gärten gewinnen ungemein, wenn sie in mehrere Gartenräume gegliedert sind, die dazu verlocken, jeden Winkel zu erkunden und zu erobern, dem grünen Paradies immer neue Perspektiven abzugewinnen und so lebendige Impressionen zu genießen. (S.10ff, S.92ff, S.108ff, S.112ff)

Ein alter Garten, vorhandener Bestand sollten nie als Ballast gesehen werden. Oft verbirgt sich gerade darin die Chance, einen Ort mit ganz individuellem Charme zu schaffen. So manch reizvolles Plätzchen wird erst auf den zweiten Blick erkannt und darf dann zum großen Auftritt schreiten. (S.86ff, S.100ff)

Kleine Gärten sind so bunt und vielfältig, wie es auch die Menschen sind, die in ihnen wohnen. Dschungelromantik findet ebenso ihren Platz wie Eleganz, Klassisches oder naturnahe Elemente. (S.90ff, S.96ff, S.114ff)

Der Sitzplatz, der zentrale Ort für Geselligkeit während der warmen Tage von Frühling bis Herbst, ist zweifellos unverzichtbar in jedem Garten. Er ist Dreh- und Angelpunkt für das Leben im Freien. Eine Hauptrolle auf der Gartenbühne wird ihm eingeräumt. (S.22ff, S.42ff, S.50ff, S.58ff, S.80ff, S.106ff)

8

Form, Struktur, Farbe, Material

Planung und Gestaltung

Gerade kleine Gartenräume erfordern eine gut durchdachte, auf den Standort wie auch auf den Nutzer zugeschnittene Planung.

Räume schaffen im Grünen

Zum Wunschbild einer perfekten Wohnung oder eines vollendeten Hauses wird von den meisten Menschen häufig spontan der dazugehörige Garten assoziiert. Das eigene Stückchen Grün steht nach wie vor ganz oben auf der Hitliste der Wohnträume – gerade in der Stadt, trotz oder eben wegen der zunehmenden Verdichtung, in der Wohnungen und Menschen immer näher zusammenrücken. Da wird auch das öffentliche Grün, Parks, Grünzüge, Plätze, immer knapper und begehrter und zum gerne angenommenen Ersatzgarten. Sie werden zu einem wichtigen Naturersatz in der Stadt, bieten die Möglichkeit, sich im Freien zu erholen und das einmalige, wechselnde Spiel der Jahreszeiten zu erleben; und können aber doch nie, auch bei bester, vorbildlicher Gestaltung, den eigenen Garten ersetzen.

Nur hier wird das wichtige Bedürfnis nach wirklicher Privatheit gestillt, hier kann man sich fallen lassen, ist im Idealfall gut geschützt – in erster Linie vor störenden Blicken, die der größte Feind der ersehnten Entspannung sind, wenn möglich auch vor unangenehmen und lästigen Geräuschen oder anderer Störfaktoren wie Staub oder Zugluft.

Gärten, egal in welcher Größe, Form und Ausführung, erweitern immer auch den Wohnraum im Haus, und das wahrlich nicht nur um die dazugewonnenen Quadratmeter. In viel höherem Maß wiegen der Gewinn an Naturerfahrung, am Erleben der Jahreszeiten, des im regelmäßigen Rhythmus wiederkehrenden Werdens und Vergehens, der ständigen Veränderung der Pflanzenwelt, das üppige Grün und die berauschende Blütenpracht, die sinnlichen Reize.

Im Freien ist der Raum nahezu unbegrenzt, dank der ungehinderten Verbindung zum Himmel über uns. Diese unbezahlbare Besonderheit des Außenraumes sorgt dafür, dass es im Freien niemals wirklich zu eng wird. Selbst auf dem winzigsten Balkon oder im kleinsten Innenhof bleibt das Gefühl, tief durchatmen zu

können, die Enge und den oft deutlich begrenzten Raum der Wohnung überwunden zu haben, das Empfinden einer Weite, die sich auch durch seitlich fassende künstliche oder grüne Wände nicht nehmen lässt. Die Größe eines Raumes im Freien entsteht, im Gegensatz zu den meisten in einem Gebäude, eben nicht allein durch die zur Verfügung stehende Fläche. Eine Tat-

Rankbögen, hier üppig umspielt von einer Rose, schaffen und trennen verschiedene Gartenräume.

sache, die wohl gerade die Gartenbesitzer beruhigen dürfte, die sich auf den ersten Blick mit wenig begnügen müssen!

Kleine Gärten, Innenhöfe, Hinterhöfe, Terrassengärten, Balkone und Dachterrassen sind keine „Ersatzgärten", die sich hinter großzügigen Gartenanlagen verstecken müssen. Sie sind einfach hoch konzentrierter Gartengenuss, der sich mit wenig Raum begnügt.

Zu den unverzichtbaren Elementen eines jeden Gartens, sei er auch noch so klein, gehört ein Sitzplatz für gesellige Runden unter freiem Himmel.

Die Breite eines Weges hängt von seiner Nutzung ab. In kleinen Gärten reichen in der Regel solch kleinen Pfade aus. Im Beispiel wird durch die Richtungslosigkeit des Belags und die üppigen Stauden die Geradlinigkeit wohltuend gebrochen.

Erste Überlegungen

Jeder Neuanlage oder Umgestaltung eines Gartens geht eine Planung voraus, die als Grundlage für die Realisierung dient. Bei kleinen Gärten verlangt diese besondere Aufmerksamkeit. Schließlich ist der zur Verfügung stehende Raum zu knapp und zu kostbar, um gedankenlos gefüllt zu werden.

Das Raumprogramm

Der erste Schritt in der Planung sollte unbedingt die Funktionen festlegen, die der Garten erfüllen soll. Diese hängen in erster Linie von der Lebenssituation der Nutzer ab. Der Sitzplatz, ob in Hausnähe oder auch etwas abgerückt, ist sicher obligatorisch und wird auf jeder Wunschliste stehen. Familien mit Kinder sehnen sich nach einer Ecke zum Spielen, ältere Menschen werden wohl eher ruhige Ecken zum Genießen von Natur und Ruhe suchen. Pflanzenliebhaber wollen ihre Pflanzenträume umgesetzt wissen, der eine oder andere möchte selbst etwas Obst und Gemüse ziehen. Vielleicht reicht der Platz nicht für alle gestellten Ansprüche. Dann heißt es, sich beschränken auf das, was als absolut unverzichtbar aus allen Wünschen herausgefiltert wird. Besser Weniges, aber Wichtiges gut umsetzen, als den ohnehin begrenzten Raum mit „halben Sachen" überfrachten, von denen keiner so recht erfreut ist.

Mit der Zukunft planen

Weiterhin sollte man sich noch überlegen, wie viel Zeit und Aufwand man später in die Pflege und den Unterhalt seines grünen Paradieses investieren will und kann. Darauf abgestimmt, gilt es, den Garten zu gestalten. Sonst kann die Lust am Grün leicht in Frust umschlagen. Abschließend sind auch die laufenden Unterhaltsarbeiten im Auge zu behalten. Das heißt etwa, wenn der Garten nicht direkt, sondern nur über den Hausflur erreicht werden kann, ist es ratsam, die „grünen" Elemente besonders sorgfältig zu planen. Eine zu große Baumart, die schnell über den Rahmen des Gartens hinauswächst und dann durch aufwändige

Ein Garten kann gut ohne Rasen auskommen. Eine Mischung aus Stauden, Gräsern und kleinen Gehölze schafft spannungsreiche, dabei pflegeleichte Flächen, die ganzjährige attraktiv sind.

Kletterpflanzen erschließen besonders in kleinen Gärten die Vertikale. Sie beleben Rankbögen, Pergolen, Obelisken und – nicht zu vergessen – kahle Fassaden.

Versteckte Räume im Garten lassen immer ein reizvolles Geheimnis offen, das erkundet werden will und die wahren Grenzen nicht preisgibt.

Durchgänge und Engstellen, hier erzeugt durch seitlich hereindrängende Sträucher, wirken wie Tore zu einem geheimnisvollen, verborgenen Raum.

Schnittmaßnahmen laufend wieder auf ein rechtes und optisch doch ansprechendes Maß geschnitten werden muss, oder Rasen, der sehr regelmäßig zu mähen ist und dessen Schnittgut dann wöchentlich durch das Wohnzimmer getragen wird, sind mehr als unangenehm.

Weniger ist mehr

Wichtig ist aber immer, sich konsequent für ein Thema zu entscheiden, das dann das Erscheinungsbild des gesamten Gartens bestimmt. Eine einzige Idee, gut durchdacht und gestalterisch wie handwerklich perfekt umgesetzt, wird immer mehr überzeugen als ein wenig von allem. Die Kunst im kleinen Garten ist immer die der Beschränkung. Das gilt für den Entwurf „aus einem Guss" ebenso wie für die Pflanzenauswahl. Die Pflanzen sind sorgfältig aufeinander abzustimmen. Die Auswahl ist dabei durchaus vielfältig, aber eben stimmig und „gewählt". Auch bei Materialien für Wege,

Treppen, Mauern, Pergolen oder Zäune ist dieser Grundsatz anzuwenden, ebenso wie bei jeder Form von Dekor. So entstehen Räume voller Ruhe und Großzügigkeit. Beschränkung bedeutet hier nicht Monotonie oder Fantasielosigkeit, sondern ist Voraussetzung für angenehme Klarheit und Qualität.

Haus und Garten

Hier muss immer der enge räumliche Zusammenhang von Haus und Garten berücksichtigt werden. Beide bilden im Idealfall eine Einheit. Das gilt für Fassade und Garten gleichermaßen wie für die Verbindung von Innen- und Außenraum. Farbe, Formen und Materialien der Fassade machen wichtige Vorgaben für den Außenraum. Fließende Übergänge vom Wohnraum zum Freiraum schaffen Materialeinheit und große Fensterflächen, die den Garten ins Haus holen und schließlich den wahrnehmbaren Raum größer erscheinen lassen.

Blickpunkte wie diese Statue nach asiatischem Vorbild rücken sich effektvoll ins Zentrum der Aufmerksamkeit und setzen wichtige Akzente.

Als Endpunkt einer Achse in diesem Garten fungiert eine attraktive Bank aus Teak. Die geschwungenen Kanten der Beete steigern die Tiefenwirkung.

Optische Täuschungen

Auch mit einfachen Hilfsmitteln lassen sich bestens die engen Grenzen kleiner Gärten sprengen. Eine geschickte Methode, scheinbar mehr Tiefe zu erzeugen, ist es, nicht den ganzen Raum auf einmal einsichtig werden zu lassen. Besser ist es, den Garten in verschiedene Räume zu unterteilen, sodass die nahe Grenze des Gartens nicht erkennbar ist. Als Raumteiler dienen dabei Hecken, Mauern oder größere Solitärgehölze. Tore oder Rankbögen machen neugierig auf den Raum, der sich wohl hinter ihnen verbergen mag. Wie groß dieser dann tatsächlich ist, ist zweitrangig. Selbst wenn er nur vorgetäuscht wird und keine echte Möglichkeit zum Aufenthalt bietet: Der gewünschte Effekt ist geschaffen.

Tiefe wird ebenso durch den gezielten Einsatz der Perspektive erzeugt. Hecken, Mauern, Kübel oder ein Laubengang, der eine Achse des Gartens begleitet, scheinen den Raum zu strecken. Dieser Effekt lässt sich durch Kniffe wie tatsächlich langsam abfallende Kronen bei Hecken und Mauern und enger werdende Abstände zwischen Kübeln oder Pfosten noch steigern. Unterstreichen kann man diese Wirkung durch vom Betrachter wegführende Linien, umgesetzt etwa im Fugenbild des Wegebelages.

Ebenso einfach wie effektvoll ist der Einsatz von Spiegelungen. Sei es nun ein echter Spiegel oder aber der einer ruhigen, stehenden Wasserfläche – das Ergebnis ist überaus verblüffend.

Der gezielte Einsatz von Farbwirkungen ist schließlich noch ein wichtiges Hilfsmittel des Gärtners. Wer berücksichtigt, dass warme Farben wie Rot oder Orange Dinge stets näher heranrücken lassen und eine starke Präsenz verleihen, kalte Farben wie Blau oder Violett aber eher ein Gefühl von Weite erzeugen, kann Farben effektvoll zur Gestaltung der Raumwirkung und Steigerung von Perspektiven heranziehen.

Klinker, Granit und Kies spielen perfekt zusammen, obwohl das Rot-Schwarz-Bunt des Klinkers sich deutlich vom Grau seiner Partner abhebt.

Besonders edel und wertvoll wirken Flächen, wenn sie mit Naturstein befestigt werden. Hier eine rustikale Spielart mit verschiedenen Steinen.

Klinker und Ziegel

Klinker und Ziegel werden aus bei hohen Temperaturen gebranntem Ton und Lehm hergestellt. Sie sind in vielen Formaten und warmen Farben von Uni bis Changierend erhältlich.

Naturstein

Naturstein gibt es im Handel in vielen Farben, Formaten, Oberflächen – und Preisklassen. Bei Verwendung im Freien ist besonderer Wert auf eine gute Frostbeständigkeit zu legen.

Wer die mühevolle und aufwändige Verlegearbeit des Kieselpflasters nicht scheut, wird mit einem wirklich einmaligen Bodenbelag belohnt.

Kieselpflaster

Kieselpflaster hat eine jahrtausendealte Tradition. Eine bessere Begehbarkeit als mit Rundkieseln wird durch die Verwendung halbierter Steine (Wackenpflaster) erreicht.

Dauerhafte Strukturen

Der Begriff Garten wird zunächst spontan mit Grün und Pflanzen assoziiert. Was sicher richtig ist, denn die Pflanzen sind es schließlich, die als zentrales Ausstattungselement die Frei-Räume von denen im Inneren eines Gebäudes unterscheiden. Sie bringen die so geschätzte Abwechslung ins Spiel. Ihnen gelingt es, ohne dass wir etwas dazu tun müssen, das Bild, das sich uns vor Augen führt, in ständigem Wandel zu halten. Und nicht zuletzt verdanken wir ihnen die Dimension Zeit auf der Gartenbühne. Viele Pflanzen ändern ihr Aussehen nicht nur im Gleichklang und regelmäßiger Wiederholung mit den Jahreszeiten, sondern auch mit den Jahren. Bäume und Sträucher nehmen zu – an Größe, an Breite, an Volumen, an optischem Gewicht und Präsenz. Sie sind, zusammen mit den zum Teil auch noch wanderlustigen oder flüchtigen Staudenschönheiten und den vergänglichen, farbgewaltigen Einjährigen, das Leben, die Veränderung und die Bewegung. Auch bei ganzjähriger Präsenz sind sie dennoch in erster Linie Zeugen des Wandels.

Dauerhaften Halt und Struktur geben dem Garten aber auch seine Formen, die Wege, Mauern, Pergolen und Lauben beispielsweise.

Sie sind die „Dauerläufer" im Freien und leihen dem Garten über Jahrzehnte ihr gleich bleibendes Gesicht. Natürlich schleichen sich auch bei ihnen die Spuren des Alters ein. Doch hier bekommen sie den schönen Namen, der nicht mit dem Makel des Verfalls behaftet ist, sondern vielmehr eine Auszeichnung und Ausdruck von Wertschätzung und –steigerung ist.

Die große Zeit der „Dauerläufer" ist der Winter. Dann kommen sie frei gestellt deutlich zur Geltung und haben ihren großen Auftritt. Oder aber sie werden schonungslos zur Schau gestellt. In den Monaten der Vegetationsruhe ist kein Verstecken irgendwelcher Mängel hinter schützendem Laub möglich. Ein Garten aber soll immer ein attraktives Bild zeigen, gerade auch im Winter. Dies gilt insbesondere für kleine Gärten, die selbst wenn die Freiluft-Saison längst beendet ist, den Wohnraum zumindest optisch vergrößern sollen.

Die Verwendung eines einheitlichen Materials
für Wege, Treppen und Mauern erzeugt eine ruhige
Atmosphäre und eine klare, großzügige Ausstrahlung. Davon profitieren gerade Gärten mit
wenig Raum.

Manchmal verhilft gerade der
kleine Makel zur eigenwilligen
Schönheit, wie hier bei der Mauer
aus fehlerhaftem Klinker.

Wege, Mauern, Treppen

Gebaute Strukturen schaffen den gleich bleibenden Rahmen für die pflanzlichen Akteure. Ihre Ausführung erfordert entsprechend ihrer tragenden Bedeutung für den Garten große Sorgfalt.

Der Teppich zu unseren Füßen

Mit Wegen erschließt sich der Garten für uns, auf Terrassen und Sitzplätzen können wir ihn genießen. Wege sollten immer nur so breit ausgeführt werden, wie ihre Nutzungsfrequenz es erfordert. Auf kleinem Raum genügen im Regelfall schmale Pfade, die ein Erkunden des Gartens ebenso gut ermöglichen.

Wege sind aber nicht nur als Erschließungsachsen zu nutzen. Gewissermaßen in Doppelfunktion fungieren sie auch als wichtige gestalterische Achsen, die einerseits die Fläche spannungsreich gliedern, andererseits zu besonderen Blickpunkten hinführen. Sie können das Spiel mit der Perspektive wirkungsvoll unterstützen, sowohl durch ihre Linienführung als auch durch die Verlegeart von Pflaster oder Platten.

Terrassen und Sitzplätze bieten dauerhaft befestigte Flächen für Sitzplätze, für unseren Aufenthalt im Freien. Sie sollten immer ausreichend dimensioniert sein, sodass wenn möglich auch eine Sitzgruppe für gesellige Runden Platz findet. Also hierfür besser eine etwas größere Fläche einplanen. Zu denken, ein kleiner Garten verträgt nur eine kleine Terrasse, wäre falsch. Ein Sitzplatz kann auch die zentrale Rolle im Garten spielen, um den sich der Rest des Gartengeschehens effektvoll arrangiert - besonders schön bei hausfernen Terrassen.

Die rechte Wahl des Materials

In puncto Material ist die Auswahl groß und vielfältig. Wofür auch immer man sich entscheidet, eines gilt auch hier: Beschränkung ist das oberste Gebot. Eine Zahl von zwei, maximal drei verschiedenen Materialien sollte nicht überschritten werden. Die Materialien werden auf Haus und Wohnraum abgestimmt.

■■■ Naturstein ist die wertvollste, aber auch teuerste Lösung. Dafür ist er aber auch am beständigsten. Die Auswahl ist hier unerschöpflich. Im Handel werden Steine in vielen Farben, Formaten, Oberflächengestaltungen und aus allen Kontinenten angeboten. Wer Wert auf regionalen Bezug legt, wählt einen Stein, der aus seiner Heimat stammt.

■■■ Wesentlich preiswerter kommt die Verwendung von Pflaster und Platten aus Beton. Obwohl es hier in den letzten Jahren wirklich gute und ansehliche Produkte gibt, können Betonsteine es in Sachen Optik äußerst selten mit Natursteinen aufnehmen.

■■■ Klinker und Ziegelpflaster hat eine lange Tradition und strahlt bodenständige Eleganz aus. Vorsicht ist lediglich in schattigen Gartenpartien geboten, da Klinker und Ziegel hier schnell eine gefährlich rutschige Oberfläche ausbilden.

■■■ Pflaster aus in Sand oder Mörtel gesteckten Kiesel sind eine wahre Augenweide. Eine relativ schlechte Begehbarkeit muss dafür allerdings in Kauf genommen werden.

■■■ Holzbohlen oder -pflaster sind als Bodenbelag im Freien nur bedingt geeignet. Man sollte ihre Verwendung auf Sitzplätze beschränken. Bei Bohlen ist auf eine geriffelte Oberfläche, die die Griffigkeit erhöht, zu achten. Unter Holz ist immer eine gut drainierende Schicht aus Kies oder Schotter einzubauen.

■■■ Eine „weichere" Optik und ein „weicheres" Gefühl beim Begehen erzielt man mit geschütteten Belägen aus Kies, Edelsplitt, Rinden- oder Holzhäcksel. Wegen ihrer Richtungslosigkeit wirken solche Flächen großzügig, was gerade bei geringem Platzangebot von Vorteil ist.

Treppen und Mauern

Immer wenn es Höhenunterschiede zu überbrücken gilt, auf hängigen Grundstücken und in Gärten mit verschiedenen Ebenen, kommt der große Auftritt für Treppen und Stufen.

Je nach Bauweise können sie im Garten selbst im Mittelpunkt stehen. Im Material und dessen Oberfläche sind sie unbedingt den anliegenden Wegen und Flächen anzugleichen.

Streng formale Entwürfe lassen sich sehr gut in kleinen Gärten umsetzen. Dieses Gärtchen ist das beste Beispiel dafür, dass Beschränkung ein Gewinn sein kann. Die Regel wurde bei Materialien, Farben und Pflanzen angewandt, und das Ergebnis ist rundum gelungen und sehenswert.

Lauben wie diese aus einfachen Latten und Kanthölzern bieten Rückendeckung, ein licht-schattiges Plätzchen und tragen die Blüten von Rosen, Clematis und Co. in luftige Höhen.

Eine Steinbank, integriert in eine Mauer, speichert tagsüber die Wärme der Sonnenstrahlen und ist so auf-geheizt Anlaufpunkt für Stunden am späten Nachmittag und abends.

Sitzplätze

Sitzplätze im Garten sind bei weitem mehr als die Terrasse am Haus. Aber sie ist der Klassiker. Sie ist mit nur einem Schritt zu erreichen und sicher der Sitzplatz, der am frühesten und am längsten in Gartenjahr genutzt wird. Zu seiner Ausstattung gehören neben bequemer Möblierung, die in Stil und Material zu Garten und Haus passt, ein pflanzliches Ambiente, das den Genuss vom Aufenthalt im Freien noch steigert. Neben Duftpflanzen sind hier attraktive Blütengehölze, solche mit faszinierender Herbstfärbung und malerischem Zweiggerüst ebenso zu nennen wie Winter- und Frühjahrsblüher. Rund um den zentralen und von der Wohnung direkt einsehbaren Sitzplatz sollte ganzjährig etwas Besonderes geboten sein, auch wenn der Garten ausgesprochen winzig ist.

Lauschige Plätzchen

Ein Garten sollte immer mehrere Möglichkeiten bieten, sich in Ruhe niederzulassen, um Natur und Garten aus jeder Perspektive und in unterschiedlichen Stimmungen genießen zu können. Jede Art von Sitzplatz erfüllt ganz verschiedene Zwecke und bietet eine jeweils spezifische Aufenthaltsqualität. Die versteckte Bank in einem schattigen Winkel erfüllt gänzlich andere Aufgaben als der Sitzplatz zum Feiern mit Freunden oder aber ein romantischer, lauschiger Pavillon. Je nach Exposition ist er Anlaufpunkt zu wechselnden Tageszeiten. Wer einen fest eingerichteten und starr befestigten zusätzlichen Sitzplatz scheut, nimmt einfach ein paar leichte Klappmöbel, die ganz nach Lust und Laune, nach Sonnenstand und Jahreszeiten inmitten üppigen Grüns aufgebaut werden können.

Die Seele baumeln lassen

Das Sitzen im Freien bietet ein Maß an Entspannung, wie es wohl kaum ein Raum im Haus bieten kann. Was sicher daran liegt, dass wir hier wirklich das Gefühl haben, tief durchatmen zu können, und nur der Himmel unser luftiges Dach ist.

Im Idealfall ist die Größe von Terrasse bzw. Sitzplatz so bemessen, dass eine Sitzgruppe mit bequemen Möbeln für gesellige Stunden unter freiem Himmel gut darauf Platz findet.

Durch ungewöhnliche Beleuchtung wird der Quellstein am Abend zur Attraktion.

Schöpfbecken aus Naturstein vereinen perfekt das Nützliche mit dem Schönen.

Tipp

Möglichkeiten für belebendes Wasser, wenn sehr wenig Platz vorhanden ist:

Brunnentröge

Wandbrunnen

Quellsteine

Miniaturwassergärten in Kübeln

Vogeltränken

Solche kleinen Tröge holen Licht und Aufmerksamkeit in zuvor unbeachtete Ecken.

In Trögen und Kübeln lässt sich selbst auf Terrasse und Balkon ein Wassergarten realisieren.

Wasser – das Lebenselexier

Kein Muss im Garten, aber oft das i-Tüpfelchen in einem gelungenen Garten und immer eine ungemeine Bereicherung sind alle Varianten von stehendem und fließendem Wasser.

Wasser ist das Element, das wir am meisten mit dem Begriff Leben verbinden. Seine Frische macht wach und lebendig. In seiner Umgebung lebt die Pflanzenwelt auf und gedeiht in einer Üppigkeit, wie wir sie von keinem anderen Lebensbereich im Garten kennen. Kein Wunder, ist doch Wasser schließlich einer der wichtigsten Faktoren für die Entstehung, das Gedeihen und die Existenz der meisten Lebewesen.

Wasser ist gerade an heißen Sommertagen ein fühlbarer Genuss. Durch Verdunstung und Abkühlung der Umgebungsluft sind Sitzplätze in Wassernähe bei brütender Hitze schnell vergeben und begehrt. Die angenehmen Geräusche von leise plätscherndem und gurgelndem Wasser sind eine Wohltat für die Seele.

Doch Wasser hat noch einen Vorteil, der gerade dann seine Trümpfe ausspielt, wenns eng wird mit dem Platz. Ruhig und stehend ist es ein blanker Spiegel, der Licht und das Bild des Himmels in den Garten holt.

Spritziges Vergnügen oder ruhende Kraft

Der klassische Gartenteich nach natürlichem Vorbild müsste in einem kleinem Garten auf Miniaturformat schrumpfen. Dies befriedigt gestalterisch nicht und hat zudem ungünstige Auswirkungen auf die Wasserqualität. Die Alternative dazu heißt ganz oder gar nicht. Wagemutige Wasserliebhaber lassen einen echten Wassergarten entstehen und setzen einen Großteil des Gartens „Land unter". Bewegung ins Spiel bringen Bachläufe oder Brunnen.

Lebendiges Grün für die Raumausstattung

Mit den Pflanzen holen wir uns die Jahreszeiten in den Garten. Das wechselnde Kleid der Laub abwerfenden Gehölze sorgt ebenso für immer neue Impressionen wie der Flor von Blütensträuchern, Stauden und Einjährigen.

Pflanzen für kleine Gärten?

Bei kleinen Gärten stellt sich die Frage, ob wir Pflanzen hier genauso einsetzen wie in großzügigeren Anlagen oder ob wir sogar ein eigenes Repertoire an geeigneten Pflanzen parat haben sollen. Die Antwort ist zunächst ein klares Nein.

Die Grundregeln der Pflanzplanung gelten im kleinen Garten genauso wie in jedem anderen Garten auch. Wir benötigen keine anderen Pflanzen. Aber man muss schon sorgfältiger nach den geeigneten suchen. Hier muss man besonders die Endgröße, den Ausbreitungsdrang und die Verdrängungskraft der Pflanzen im Auge behalten. Besonders Bäume und Sträucher sollten so gewählt sein, dass sie nicht schon nach wenigen Jahren den vorgegebenen engen Rahmen sprengen und aufwändige Pflege- und Korrekturmaßnahmen nach sich ziehen. Auf Bäume und größere Sträucher, die wichtigen Raumbildner, soll und muss aber keinesfalls verzichtet werden. Kleinbäume wie Zieräpfel und –kirschen, klein bleibende Ahorn- oder Weißdorn-Arten setzen ebenso wie malerische Großsträucher als Solitärgehölze interessante Schwerpunkte im Gartenraum. Sträucher, die die Kulisse für Stauden, Gräser und Farne bilden und den Garten fassen, werden nach ihrer zu erwartenden endgültigen Größe ausgewählt. Große und mittelhohe Sträucher sind hier eher fehl am Platz. Die Endgröße der gewählten Arten sollte eher bei etwa zwei Metern liegen. Keinesfalls sollte man seine Auswahl aber auf Zwerggehölze und extrem langsam wüchsige Arten beschränken. Schließlich soll ein „normaler" Garten entstehen und keine Bonsai-Sammlung.

Sträucher und Stauden verwandeln diesen kleinen Innenhof in ein grünes Paradies.

Räume schaffen

Besonders abwechslungsreich und scheinbar größer wird ein Garten, wenn man ihn in mehrere Räume untergliedert. Doch wer gerne die Übersicht behält oder wem nur wirklich wenig Platz zur Verfügung steht, kann auch nur einen Raum mit wohl dosierten pflanzlichen Akzenten und Blickfängen schaffen.

Wie bei den Materialien für alles Gebaute, so gilt auch bei der Pflanzenauswahl, dass weniger oft mehr ist. Eine ruhige Grundgestaltung mit einer Beschränkung der Farben – bei Laub wie auch bei Blüten – erzeugt eher den Eindruck von Weite als ein bisschen von allem. Kleine Gärten sind keine Kuriositätenkabinette für buntlaubige Gehölze oder bizarre, krüppelige Wuchsformen. Derartige Pflanzen sollten extrem sparsam eingesetzt werden. Als einzelner Blickfang ist eine solche Pflanze aber durchaus erlaubt.

Kletterpflanze (Glycine; *Wisteria*) und Hortensie (Hydrangea *arborescens* `Annabelle`) beleben die Wand und finden in ihr einen guten Hintergrund.

26

Pflanzenname	Standort	Höhe (in m)	Blüten	Bemerkung
Scharfzähniger Strahlengriffel *Actinidia arguta*	Sonne bis Halbschatten	6-8	V-VI weiß, duftend	starkwüchsiger Schlinger; stachelbeerartige Früchte mit hohem Vitamin-C-Gehalt
Chinesischer Strahlengriffel *Actinidia chinensis*	Sonne bis Halbschatten	8-10	VI cremeweiß – gelb	sehr starkwüchsiger Schlinger; trägt die bekannten Kiwi-Früchte; geschützter Standort
Flamingo-Strahlengriffel *Actinidia kolomikta*	Sonne bis Halbschatten	3-4	VI weiß	außerordentlich schmuckvolles, dreifarbiges Laub in Grün-Weiß-Rosa
Klettergurke *Akebia quinata*	Sonne bis Halbschatten	6-8	V violett, duftend	starker Schlinger; geschützter Standort
Pfeifenwinde *Aristolochia macrophylla*	Halbschatten bis Schatten	8-10	III-IV grünrosa	starker Schlinger für Nord-, West- und Ostfassaden; zierendes, herzförmiges Laub, dachziegelartig überlappend
Chinesischer Baumwürger *Celastrus orbiculatus*	Sonne bis Halbschatten	12-14	VI grüngelb unscheinbar	starkwüchsiger Schlinger mit interessanten Früchten
Gold-Waldrebe *Clematis tangutica*	Sonne bis Halbschatten	4-6	VI; Nachblüte im Herbst goldgelb	Blattstielranker mit mittlerer Wuchskraft; sehr robust und frosthart; fedrig-silbrige Fruchtstände
Italienische Waldrebe *Clematis viticella*	Sonne	3-5	VI-IX; purpur bis violett	Ranker von mittlerer Wuchskraft; Blütenfülle über mehrere Monate
Großblumige Clematis-Hybriden *Clematis-Hybriden*	Sonne bis Halbschatten	2-5	VI-IX; weiß, violett, lila, rosa, purpur, magenta	umfangreiches Sortiment an mittel- bis schwachwüchsigen Pflanzen; Blüten z. T. mehrfarbig
Kletter-Hortensie *Hydrangea petiolaris*	Halbschatten bis Schatten	5-15	VI-VII weiß	Haftwurzelkletterer, d. h. Kletterhilfe überflüssig
Geißblatt *Lonicera in Arten und Sorten*	Sonne bis Schatten	3-6	V-iX weiß, gelb, rot; duftend	interessantes Sortiment an Schlingern
Wilder Wein *Parthenocissus tricuspidata „Veitchii"*	Sonne bis Halbschatten	12-15	VI-VII gelblich grün	Haftwurzelkletterer, d. h. Kletterhilfe überflüssig; wärmeliebend
Kletterrosen *Rosa*	Sonne bis Halbschatten	2-5	weiß, rosa, rot, gelb	Neben den klassischen Kletterrosen sind die so genannten „Ramblerrosen" mit ihren langen, äußerst elastischen Trieben interessante Alternativen
Scharlach-Wein *Vitis coignetiae*	Sonnig bis halbschattig	6-10	rostrot-filzig	prachtvolle Herbstfärbung; wärmeliebend
Echter Wein *Vitis vinifera*	Sonne	8-10	grün	im Hausgarten nur mehltauresistente Sorten verwenden
Japanische Glycine *Wisteria floribunda*	Sonne	6-10	V-VI; rosapurpur duftend	Blüten erscheinen mit den Blättern
Blauregen, Chinesische Glycine *Wisteria sinensis*	Sonne	10-15 (30)	V lila duftend	Geschützter Standort; starker Schlinger, sehr stabile Kletterhilfe erforderlich; Blüte vor dem Laubaustrieb

Der beste Standort

Jeder Gartenbesitzer möchte unnötigen Aufwand bei der Pflege vermeiden. Erste Voraussetzung hierfür ist es, Pflanzen dem Standort entsprechend auszuwählen und zu verwenden. Pflanzen fühlen sich immer dann am wohlsten und verlangen am wenigsten besondere Zuwendung, wenn sie an Plätze gesetzt werden, deren Bedingungen etwa in Bezug auf Licht, Bodenfeuchte und –reaktion und Klima sich denen an ihren natürlichen Standorten so weit wie möglich nähern. Ein schattiger Innenhof ist eben nicht der rechte Ort für sonnenhungrige Gehölze und üppige Prachtstauden.

Ein Garten für vier Jahreszeiten

Die Erwartungshaltung an einen kleinen Garten ist mindestens genauso groß wie die an einen „normalen". Er soll alle gewünschten Funktionen erfüllen und den gestellten ästhetischen Ansprüchen genügen.

Eine wichtige Sache sollte man bei allem nicht vergessen. Wo der grüne Raum knapp wird, rückt er in seiner Gesamtheit näher an den Wohnraum heran. Der kleine Garten stellt sich komplett ganzjährig als Panoramabild zur Schau. Entsprechend sollte er in seiner Einheit als Vierjahreszeiten-Garten konzipiert werden. So bereichert sein Bild auch in den Monaten, deren unwirtliche Temperaturen das Leben im Freien einschränken bzw. verhindern.

So darf nicht nur der Sommer mit seinem üppigen Grün und der überquellenden Blütenpracht bei der Planung ins Kalkül gezogen werden. Vorfrühlings- und Frühlingsblüher unter den Stauden und Gehölzen wecken schon zeitig im Jahr die Freude auf das neu beginnende Gartenjahr. Der Herbst trägt die Früchte des Sommers und taucht den Garten in die leuchtend warmen Farben färbenden Laubs.

Im Winter bekennen Immergrüne weiterhin standhaft Farbe und mausern sich von Kulissenträgern zu Hauptakteuren. Farbige oder aufregend gemusterte bzw. strukturierte Rinden beleben den winterlich ruhenden Garten ebenso wie Gehölze mit ausnehmend anmutigem Zweiggerüst. Fruchtstände von

Stauden beleben Flächen ebenso wie Strukturen schaffende Gräser und immergrüne Staudenvertreter.

Farbe satt und Anleihen aus dem Bauerngarten zeigt diese Gartenszene. Eine Bank lädt dazu ein, sich inmitten der Rosenpracht niederzulassen.

Rasen oder Stauden?

Viele Gartenbesitzer wünschen sich in ihrem Garten ein Stückchen grünen Rasens. Er wirkt optisch als ruhiger grüner Teppich vor bunten Staudenpflanzungen. Er ist Spielfeld für Kinder und ideale Standfläche für mobile Sitzgruppen. Doch im kleinen Garten stößt er häufig an seine Grenzen. Ein entscheidender begrenzender Faktor ist das Licht. Schatten ist im wahrsten Sinne des Wortes tödlich für Rasengräser. Eine echte Alternative zum Rasen, außer es wird eine Fläche zum Toben für die Kinder benötigt, ist ein pflegeleichter Teppich aus niedrigen, standortgerechten Stauden.

Kletterpflanzen

Eine Pflanzengruppe darf im kleinen Garten schließlich nicht vergessen werden: die Kletterpflanzen. Sie erschließen selbst im engsten Winkel noch die Vertikale, beleben vormals kahle Wände und schaffen so eine einladende Kulisse.

Übernehmen die Pflanzen das Regiment im Garten und dürfen sie sich ohne große Reglements frei entfalten, so entstehen Paradiesgärten von wildromantischer Anmutung. So ist der Mensch im Garten tatsächlich zu Gast in der Natur.

Verspielte Romantik von unvergleichlichem Zauber zeichnet die Kletterrosen aus.

Spross- und Blattstielranker wie die unendlich vielgestaltige Gruppe der Waldreben (*Clematis*) sind ideal zum Begrünen von transparenten Rankwänden.

Kletterkünstler für jede Gelegenheit

Wenn der Platz richtig eng wird und scheinbar überhaupt kein Plätzchen für eine dauerhafte Bepflanzung zu finden ist, können Kletterpflanzen ihre besonderen Vorteile zum Besten geben. Sie begnügen sich oft schon mit kleinsten Pflanzecken und schaffen es doch, ganze Wände im Sturm zu erobern.

Spross- und Blattstielranker

Viele der schönsten und beliebten Kletterpflanzen, die mit überschwänglicher Blütenfülle überraschen und so belebende Farbe und Stimmung auf Augenhöhe bringen, gehören zu den rankenden Kletterpflanzen: Die extrem vielgestaltige Gruppe der Clematis sind Blattstielranker, d. h., die Pflanzen klettern mithilfe von Blattstielen, die sich zu Rankorganen umgewandelt haben. Beim Wein dagegen, einem Sprossranker, helfen sich krümmende Spross-

teile und Stiele von Blüten- bzw. Fruchtständen der Pflanze in luftige Höhen. Ranker sind auf eine Kletterhilfe angewiesen.

Schlinger und Winder

Die so genannten Schlinger und Winder hangeln sich an einer senkrechten Kletterhilfe dem begehrten Licht entgegen. Mit schraubenförmiger Bewegung werden Kletterstange oder –seil in den Würgegriff genommen. Die Kraft dieser Bewegung darf nicht unterschätzt werden: Mit den Jahren, wenn die Triebe der Pflanzen zum Teil beachtlichen Umfang gewonnen haben, verkürzen sie durch ihre Spiralform ihre Unterlage und können sie mühelos aus ihrer Verankerung reißen. Daher unbedingt für solide Kletterhilfen sorgen, wenn möglich mit Möglichkeit zur Ausdehnung, z. B. durch Einbau von Federn. Regenrinnen sind übrigens, wenn sie ihre Funktion behalten sollen,

Die Pfeifenwinde (*Aristolochia macrophylla*) mit ihren großen, dachziegelartig überlappenden Blättern findet als Schlinger in senkrechten Rohren ein ideales Klettergerüst.

Efeu (*Hedera helix*) ist wohl der bekannteste Selbstklimmer. Der immergrüne Fassadenkletterer haftet mit speziellen Wurzeln auf allen nicht zu glatten Oberflächen ohne weitere Kletterhilfen.

als Kletterhilfe absolut ungeeignet. Ihnen würde mit den Jahren unweigerlich das Wasser „abgedreht" werden!

Selbstklimmer

Die einzigen Kletterpflanzen, die völlig ohne Hilfestellung durch irgendwie geartete Klettergerüste auskommen, sind die Selbstklimmer. Der immergrüne Efeu, der Wilde Wein mi seiner überwältigenden Herbstfärbung und die Kletterhortensie, die mit ihren attraktiven Blüten den Schatten erhellt, sind hier die prominentesten Vertreter. Während die Wurzelkletterer (z. B. Efeu) an den Sprossteilen, die vom Licht abgewandt sind, unverzweigte Haftwurzeln ausbilden, scheiden Haftscheibenranker (z. B. Wilder Wein) an der Spitze der Ranken einen Klebstoff ab, sodass sich effektive Haftorgane ausbilden. Selbstklimmer verlangen als Unterlage eine intakte Mauer oder Fassade. Bei vorhandenen Rissen ist wegen möglicher Schäden vor Setzen der Pflanzen eine entsprechende Sanierung vorzunehmen.

Spreizklimmer

Die Königin unter den Kletterpflanzen, die Kletterrose, darf sich ebenso wie der Winter-Jasmin (*Jasminum nudiflorum*) und die Immergrüne Brombeere (*Rubus henryi*) zu den Spreizklimmern zählen.

Deren besonderes Merkmal ist es, dass sie nicht wirklich, d. h. aktiv mit speziellen Organen klettern, sondern sich vielmehr mithilfe von langen, dünnen, elastischen Trieben an ihrer Kletterhilfe hochhangeln. Zusätzliche Unterstützung können wie bei vielen Kletterrosen Dornen sein, die vor dem Abrutschen nach der mühsamen Kletterarbeit bewahren, oder aber sich einspreizende Sprossteile, Borsten oder Stacheln.

Reizvolle Patina verbindet Kübel und die in Stein gehauene Inschrift zum würdevollen Ensemble.

Kübelpflanzen tragen in jedes Eckchen noch wohnliche Atmosphäre, Blüten und heitere Farben.

Kübelpflanzen

Mit Kübelpflanzen ziehen selbst in die winzigsten Gärten und Ersatzgärten, auf Terrassen- und Balkongärten und vormals triste, unbelebte Höfe frisches Grün, bunter Schmuck von Blüten und Früchten, Eleganz und Atmosphäre ein. Sie erschaffen Gärten auch dort, wo ein Pflanzen in den natürlichen Boden unmöglich ist.

Kübel erzeugen eine heitere, beschwingte Stimmung und erinnern an mediterrane Gefilde. Ihr Wert und Schmuck misst sich natürlich zuerst an den Pflanzen selbst. Doch ein schönes Pflanzgefäß muss ganz sicher auch kein Versteckspiel veranstalten. In Phasen, wenn die Pflanze eher bescheiden auftritt und nicht auffällig, (etwa durch ihren reichen Florprunkt), sind es – bei richtiger Wahl – die Kübel selbst, die als Stimmungsmacher auftreten.

■■■ Ton und Terrakotta schaffen südliches Ambiente, erzeugen durch Poren im Material eine gute Durchlüftung des Substrats und begünstigen die Verdunstung des Wassers über den Topf. Das verhindert einerseits Staunässe, kann aber bei grünen „Säufern" zu unangenehmen Entzugserscheinungen führen. Als Faustregel gilt: Je härter der Scherben gebrannt wurde und damit je weniger Wasser er aufnehmen kann, desto frostbeständiger ist der Topf. Die schönsten und meist auch beständigsten Stücke sind handgefertigt, haben aber leider einen stolzen Preis.

■■■ Glasiertes Steingut ist dekorativ und für Wasser nicht durchlässig.

■■■ Holz gewährleistet bei der richtigen Wahl der Holzart auch eine gute Lebenserwartung. Gut geeignet sind Eiche, Robinie oder Lärche. Ein bisschen Bodenfreiheit sollte es aber schon geben, „nasse Füße" lassen an den handwerklich gefertigten Gefäßen mit angenehm warmer Ausstrahlung sonst schnell den Zahn der Zeit nagen.

■■■ Kunststoff ist wasserundurchlässig, eine Eigenschaft, die durstige Pflanzen schätzen. Das geringe Gewicht von Kunststoffkübeln erleichtert deren Transport, lässt sie bei stärkeren Winden aber leicht ins Stolpern geraten.

Wie eine grüne und blühende Krone bekränzen und umhüllen einjährige Sommerblumen die tönerne Schale und lassen das Schönmalven-Stämmchen (*Abutilon-Hybride*) scheinbar schweben.

Die rötlich überlaufenen Blätter der Hauswurz (*Sempervivum*) beginnen, im warmen Licht der Abendsonne zu glühen. Mit ihren sukkulenten, Wasser speichernden Blättern ist sie für den extremen Standort bestens gerüstet.

Standortspezialisten

Von allen Pflanzengruppen im Garten schaffen es besonders die Stauden, eine schier unendliche Fülle an Texturen, Strukturen, Farben und damit Spannung, Dynamik und lebendige Vielfalt in den Freiraum zu bringen.

Im und am Wasser

Teiche, Becken und Wassertröge schaffen in sich selbst und in ihrem Umfeld, geprägt durch hohe Boden- und Luftfeuchtigkeit, die Voraussetzung für die Ansiedlung zahlreicher Standortspezialisten. Wohl fühlen sich im ruhigen, stehenden Wasser bei niedrigem Wasserstand Sumpfstauden und Uferpflanzen wie Blumenbinse (*Butomus umbellatus*), Zebrasimse (*Scirpus tabernaemontani 'Zebrinus'*) oder Sumpfdotterblume (*Caltha palustris*), im freien Wasserkörper frei schwimmende Pflanzen wie Krebsschere (*Stratiotes aloides*) oder Dreizacklinse (*Lemna trisulca*) und im tieferen Wasser komplett unter Wasser Lebende wie der Wasser-Hahnenfuß (*Ranunculus aquatilis*) und schließlich die Schwimmblattpflanzen, deren bekannteste Vertreter wohl zweifellos in der vielfältigen Gruppe der eleganten Seerosen (*Nymphaea-Arten und –Hybriden*) zu finden sind.

Attraktive Hungerkünstler

Das andere Extrem, steinige, trockene und zunächst unwirtlich anmutende Plätze, lieben solche Pflanzen, deren angestammte Heimat felsige Standorte, Geröllflächen, Steinfugen oder Schotterböden sind. Ihre Verwendung setzt oft ein Plätzchen in voller Sonne voraus.

Beispiel für solche genügsame Schönheiten sind:

- Rosettenpflanzen wie Hauswurz (*Sempervivum*) und Jupiterbart (*Jovibarba*)
- Fetthenne bzw. Mauerpfeffer (*Sedum*)
- Stauden für Steinanlagen
- einige zierende Laucharten (*Allium flavum, A. moly, A. schoenoprasum*)

Für ein solches Becken ist auch im kleinen Garten Platz.

Töpfe und Tröge sind ideal für „Zwergengärten" mit Steingartenpflanzen.

Gerade im kleinen Garten sind Blatt-
schmuckstauden (hier eine Funkie / *Hosta*), die
während der ganzen Vegetationsperiode, bei
Immergrünen sogar ganzjährig Wirkung zeigen,
höher zu bewerten als Blütenstauden, die
nach einem kurzen, zugegebenermaßen
beeindruckenden Intermezzo oft nur reizloses
Kraut zurücklassen.

Die statische Ruhe der Kugeln aus Terracotta finden im filigranen und bewegten Chinaschilf (*Miscanthus*) den idealen Partner und Hintergrund.

Nachdenklich blickt der steinerne Gartenbewohner unter seinem schützenden Rosenkleid hervor.

Dekoratives für den Garten

Sicher kein Muss, aber doch gerne erlaubt und beliebt, sind die kleinen Schmuckstücke, die einem Garten den letzten Schliff geben können.

Dekor, Figuren, Vasen, Amphoren haben im Garten schon lange Tradition. Sie können Symbol sein, für die Gestaltung unerlässlich, etwa als Ziel und Sinn einer Achse in formalen Gärten, aber auch schlichtweg Ausdruck der Persönlichkeit des Gartenbesitzers. Wie in einem Wohnraum kann man auch im Freien gerade mit Accessoires dem Raum eine ganz individuelle Note geben; außerdem kann man ihn so auch spontan verändern oder veränderten Ansprüchen und Vorstellungen anpassen. Denn Dekor ist, von gewichtigem Skulpturenschmuck einmal abgesehen, einfach zu verändern und auszutauschen. Die Staffage für die Gartenbühne lässt immer die Möglichkeit offen, Gewohntes in einem neuen Licht erscheinen zu lassen. Schließlich ist es gerade auch das Persönliche an ausgewählt platziertem Schmuck, das uns im „grünen Wohnzimmer" wohl fühlen und dieses als wirklich privaten Rückzugsort empfinden lässt. Und wo wäre gerade das wichtiger als dort, wo der Garten sich auf wenig Raum beschränken muss.

Doch bei alledem darf nicht vergessen werden: Accessoires sind immer nur Zubehör. Nicht mehr, aber auch nicht weniger. Sie unterstützen und unterstreichen im Idealfall eine gelungene dauerhafte Gestaltung, die stets im Vordergrund stehen muss, sind selbst aber immer Beiwerk und sollten sich nicht „wichtig machen". Am gelungensten ist Gartenschmuck immer dann, wenn er ganz zufällig wirkt und erst auf den zweiten Blick wohltuend ins Auge sticht.

Für die Verwendung von dekorativen Elementen sind ein paar Regeln zu beachten, die gerade auch im kleinen Garten Bedeutung haben:

■■■ Dekor ist nur als sparsamer Akzent zu verwenden.

■■■ Harmonie entsteht, wenn Haus, Garten und Schmuck eine „runde Sache" sind, also in Stil, Farben und Formen aufeinander abgestimmt sind.

■■■ Bei mehreren Stücken sollte ein gemeinsames Motiv verbinden: etwa ein Material, ein Thema, eine Farbe.

**Wechselseitige Steigerung zweier Motive:
Mitten aus einem grünen Wirrwarr kräftig dunkel
gefärbten Blattwerks leuchten Putte und Alpen-
veilchen (*Cyclamen*) in nach Aufmerksamkeit
schreiendem Rot hervor.**

**Fundstücke wie alte Mühlräder
haben bereits über lange
Jahrzehnte die schönen Spuren
des Alterns, die Patina,
gesammelt, die Neues erst
langsam erwerben muss.**

Vorgarten, Terrasse und Balkon

Winzige Gärten und Ersatzgärten

Selbst in der kleinsten Ecke ist noch Platz für einladendes Grün, oft sogar für ein privates Refugium.

Vorgärten und Eingangsbereiche

Der berühmte erste Eindruck dauert nur sehr kurz. Nur ein kleiner, flüchtiger Augenblick, aber einer, der es in sich hat. Sprichwörtlich auf den ersten Blick entscheiden wir spontan, ohne erst groß darüber nachzudenken, ob das, was sich uns vor Augen führt, gefällt oder aber eher Unbehagen oder

Im großzügigen Bogen heißt das schmucke Rankgerüst Gäste und Passanten willkommen.

sogar Ablehnung hervorruft. Der erste Eindruck ist immer zunächst das, was wir sehen, die Farben, die Formen, die Proportionen. Erst im Anschluss erkunden die anderen Sinne das Terrain.

Das gilt im besonderen Maße auch für unser Zuhause. Das Bild, das sich ein Gast oder Besucher von unserem Heim macht, wird bei ihm haften bleiben. Der erste Eindruck von Haus und Wohnung fängt beim Eingang ein.

Eingang, Vorgarten, Zufahrt und der Weg zur Haustür sind unser erstes Aushängeschild, unsere Visitenkarte. Die Gestaltung eines Vorgartens lässt immer Rückschlüsse auf den Besitzer und die Bewohner eines Hauses zu.

Schließlich heißt unser Eingang aber auch uns selbst willkommen, jedes Mal und täglich, wenn wir heimkehren. Mit einem schönen, freundlichen Empfang wächst bereits die Vorfreude auf die Ruhe, Entspannung und Privatheit, die uns hinter der Haustür empfängt. Dass ihm und seiner Gestaltung entsprechende Beachtung gebührt, versteht sich fast von selbst.

Was viele vergessen, aber auch ein unschätzbarer Wert an den kleinen Gärtchen oder Plätzen ist, die unseren Häusern vorgelagert sind, ist deren Bedeutung für die Gestalt und Atmosphäre unserer Orte. Vorgärten sind die Vermittler zwischen privatem und öffentlichem Raum, gewissermaßen ein Übergangsbereich. Sie schützen unsere Privatsphäre, indem sie Fremde auf Abstand halten. Sie sind Bindeglied zwischen Siedlung und Natur und verhindern, dass sich Straßen in gesichtslose, rein von Versiegelung und Gebautem geprägte Erschließungstrassen verwandeln.

Mit schönen, grünen Vorgärten schaffen wir ein Zuhause, nicht nur für uns selbst und unsere Gäste, sondern tragen dazu bei, dass unsere Umgebung schön ist. Im günstigsten Fall bewirken Vorgärten, dass der Straßenraum, der öffentliche Raum zum gern genutzten Aufenthaltsraum, zum Kommunikationsraum in der Nachbarschaft wird.

Das Grün im Straßenraum schafft Identität und Wohnwert, lebenswerten Raum für uns und Lebensraum für ein wenig Natur, nicht viel, aber immerhin. Ein nicht zu unterschätzender Korridor, ein Trittstein im Verbund von Grün und Siedlung ist es doch.

Seitlich gelegen und doch nicht im Abseits, präsentiert sich diese gelungene Eingangssituation. Mit viel Grün kommt Leben ins Spiel.

46

Wenn der Vorgarten etwas großzügiger bemessen ist und ein geschütztes Eckchen möglich ist, kommt vielleicht sogar ein Platz zum Frühstücken hinzu.

Individueller Ausweis der Bewohner und sprichwörtlich herzlicher Willkommensgruß vereinigen sich in diesem hübschen Gartentor.

Eingänge gestalten

Vorgärten haben vielfältige Funktionen zu erfüllen. Neben der ästhetischen Qualität, die das oftmals kleine Fleckchen Land besitzen soll, muss meist auch den verschiedensten Ansprüchen Genüge getan werden. Ein befestigter, angemessen breiter Weg erschließt den Eingang, eventuell muss dem Auto ein Stellplatz eingeräumt werden oder die Zufahrt zur Garage gesichert sein. Fahrräder suchen einen Stellplatz, Müllbehälter wollen untergebracht sein. Und bei alledem soll es noch einladend sein und genug Raum für die Gestaltung mit Pflanzen bleiben.

Ein guter Vorgarten will also geplant sein, wer meint, das koste weniger Aufwand als beim eigentlichen Garten, der täuscht sich meist. Doch wer ein wenig Zeit investiert, Funktionen und Abläufe genau überdenkt und gute Anregungen sammelt und umsetzt, wird schließlich mit einem kleinen Schmuckstück und einer positiven Visitenkarten belohnt.

Gute Nachbarschaft

Die ersten Vorgaben für die Gestaltung gibt die Umgebung. Schöne Vorgärten pflegen gutnachbarschaftliche Beziehungen. Das heißt, der erste Blick bei der Planung fällt auch in Nachbars Garten. Eine gewisse Grundgestaltung des Straßenraums mit zueinander passenden Materialien, Farben und Gestaltungselementen an den Grundstücksgrenzen schafft wohl tuende Ruhe. Gleiches gilt für größere, den Straßenraum wesentlich prägende Gehölze wie Bäume und Großsträucher. Ob ein Zaun wirklich erforderlich ist bzw. wie hoch, massiv oder blickdicht er sein muss, hängt von der anliegenden Straße und dem Verkehrsaufkommen ab. Grundsätzlich gilt es, so wenig Barrieren wie möglich zu schaffen. Schließlich ist der Vorgarten eine Übergangszone. Je „weicher" diese erscheint und je weniger scharf sie trennt, desto schöner und einladender das Bild.

Individualität

Bei der individuellen Ausgestaltung ist das eigene Haus der Maßstab. Zu ihm gehört der

Perfektion aus einem Guss. Keinen ganzen Meter breit und doch zweifellos ein Garten – ein sehr gelungener obendrein.

Vorgarten, mit ihm soll er eine harmonische Einheit bilden.

Stilelemente der Fassade sind in der Konsequenz die Richtschnur für alles Gebaute und Befestigte. Und wie bei allen kleinen Gärten macht es sich auch hier besonders bezahlt, Liebe zum Detail zu beweisen. Das gilt für die Wahl der Materialien ebenso wie für die Ausführung und das Verlegemuster der Beläge und für eventuell erforderliche kleine Mauern, Pergolen, Vordächer, Zäune, Türen oder Tore. Wo wenig Platz ist, um den Blick weit schweifen zu

Hinterhofromantik – auch wenn der Eingang zur Wohnung in einem Rückgebäude liegt oder über einen Hinterhof erschlossen wird, kann üppiges Grün den Weg zur Tür begleiten.

lassen, nimmt dieser jedes gute Detail sofort wohl wollend wahr – aber auch schonungslos jede Lieblosigkeit und Unachtsamkeit. Umso wichtiger ist es, alles Schöne, Positive und Erfreuliche ins rechte Licht zu rücken, das Hässliche und das Gesamtbild Störende aber zu tarnen und zu verstecken. Müllbehälter lassen sich hinter einer begrünten Rankwand oder Pergola, unter der vielleicht auch noch Fahrräder und manch anderes Gerät Unterstand finden, verstecken.

Wie schon erwähnt, übernimmt der Vorgarten oft vielfältige Funktionen und ist mit diesen manchmal auch mehr als ausgelastet. Wenn doch noch ein Fleckchen frei ist, sollte man ruhig einen Platz zum Sitzen, zum sich Niederlassen vorsehen. Der Klassiker ist hier ohne Frage die Hausbank direkt neben dem Eingang. Auf ihr lässt sich das Treiben auf Gehsteig und Straße beobachten, ein Plausch mit dem Nachbarn führen oder, ganz pragmatisch, der Einkauf vor der Haustür kurz absetzen.

Raum für Grün

Vorgärten sind, wie der Name bereits verrät, Gärten und keine Plätze. Sie leben und gewinnen von dem Grün, das in ihnen sprießen und blühen darf. Die Pflanzen sind ihr eigentliches Kapital und stellen ihren Wert gerade in dicht bebauter Umgebung. Befestigt werden sollte wirklich nur dort, wo es unbedingt erforderlich ist. Ein Weg zum Haus mit etwa 1,20 m Breite bietet zwei Personen gut Platz, um nebeneinander zu gehen. Untergeordnete Funktionen wie Stellplätze für Müll oder Fahrräder kommen auch gut mit „grünem" Pflaster, mit breiteren Fugen, in denen es munter sprießen darf, zurecht. Gleiches gilt in vielen Fällen auch für Pkw-Stellplätze und Garagenzufahrten. Oft genügt es hier, nur die Fahrspuren durchgängig zu befestigen. Auf der restlichen Fläche tut wiederum Rasenpflaster seine Dienste und dem Auge gut.

Ein Baum oder großer Strauch in Solitärfunktion ist wichtig für den Straßenraum und unerlässlich als Pendant und grüner Gegenspieler zum gebauten Volumen. Eine solche

Wo nicht direkt in den Boden gepflanzt werden kann, marschieren einfach Töpfe munter die Stufen hinauf.

Funktion können kleine Sträucher, Stauden und Sommerblumen nie übernehmen! Ebenso wenig wie man den Vorgarten durch eine massive Mauer oder einen wuchtigen Zaun vom Straßenraum isolieren sollte, darf man es nicht mit Pflanzen tun. Höhere Sträucher sollten im Vorgarten immer als gut platzierte Einzelstücke mit hohem Schmuckwert eingesetzt werden. Entsprechend sollten Art und Sorte auch ausgesucht werden. Nie aber sollten sie als ab- und ausgrenzende Hecke, sei sie frei wachsend oder geschnitten, verwendet werden. Niedrige Einfassungshecken können aber als exakter und betonender Rahmen das Bild durchaus bereichern. Immergrüne wie Buchs (*Buxus sempervirens*), Lorbeerkirsche (*Prunus laurocerasus*) oder verschiedene Berberitzen (*Berberis sp.*) machen den Vorgarten auch im Winter attraktiv. Mit Stauden und Sommerblumen ziehen Farbe und ein Reichtum an Texturen und Strukturen ein.

Terrassen – vom Wohnen im Freien

Dreh- und Angelpunkt für das Leben im Freien sind die Sitzplätze. Das gilt für alle Arten von Gärten gleichermaßen, unabhängig von ihrer Größe, ihrem Stil oder der Lage. Hier lässt man sich nieder, um in fröhlicher Runde mit Familie und Freunden zu feiern, zu essen, sich zu unterhalten, kurz ein paar unbeschwerte, entspannte und vergnügliche Stunden mitten im Grünen und unter freiem Himmel zu verbringen. Oder man sucht sich ein geschütztes Plätzchen, um allein und unbeobachtet entspannen zu können, einfach nur auszuruhen, die Seele baumeln zu lassen, ein gutes Buch zu lesen, die Gedanken schweifen zu lassen.

Mittendrin, nicht nur dabei

Eines verbindet all diese Arten von Sitzplätzen miteinander. Sie versetzen uns mitten hinein in das Gartengeschehen, hier können wir den Freiraum mit allen Sinnen wahrnehmen und werden nicht auf den Posten des reinen Beobachters beschränkt. Denn Garten bedeutet nicht nur ein schönes Bild, das sich uns vor Augen führt und räumlich erlebbar wird. Garten, das bedeutet ein rundum sinnliches Erlebnis. Garten heißt die Natur Be-„Greifen" im wahrsten Sinne des Wortes, und das nicht nur über die objektive Wahrnehmung, sondern mit Gefühl, über Stimmungen und Eindrücke, die uns noch lange über den Moment des Erlebten hinaus begleiten. Mit den Augen erfassen wir zunächst die äußere Schönheit. Mit Nase, Händen, Haut und Gaumen erforschen wir passiv unbewusst oder ganz gezielt die inneren Werte. Die Strahlen der Sonne, die unsere Haut und unser Gemüt erwärmen, ein Lufthauch, der uns flüchtig streichelt, der Duft der Blüten von Sträuchern, Stauden und Sommerblumen, das Aroma von Kräutern und viele andere, oft nicht genau zuzuordnende Gerüche, der Geschmack von Früchten, der Gesang und das Zwitschern der Vögel, das Geräuschorchester von raschelndem Laub, sie alle gehören

zum Erlebnis Garten. Wer davon nicht genug hat, erweitert das Spektrum der Impressionen.

Gerade mit Wasser lässt sich der Wohnwert von Terrassen und Sitzplätzen ungemein stei-

Die Terrasse als Garten. Kübelpflanzen erzeugen Atmosphäre und mediterrane Stimmung.

gern. In Bewegung versetzt, beruhigt es mit sanftem Gurgeln und Plätschern und schafft es, sogar objektiv lautere, unangenehme Geräusche wie Verkehrslärm aus unserer bewussten Wahrnehmung herauszufiltern. Sein Glitzern und Funkeln in der Sonne beglückt ebenso wie das Spiegelbild der umgebenden Gartenwelt, von Himmel und Wolken auf einer ruhigen, glatten Wasserfläche. Schließlich wirkt Wasser belebend auf seine ganze Umgebung.

Mit Mauernischen, Nippes und Fundstücken wird die Terrasse hier zu einem Ort mit wohl tuend privater Ausstrahlung.

52

Gut durchdacht, mit klarer Linie und formaler
Gestaltung, repräsentativ und doch gemütlich,
zeigt sich dieser kleine Hof und Terrassengarten.
Ein schönes Detail sind die Bänder aus farbigen
Würfeln, die den Sitzplatz rahmen.

Lage und Größe

Als Terrassen bezeichnet man zunächst solche Sitzplätze, die sich in Hausnähe befinden und auf schnellem Weg von der Wohnung aus zu erreichen sind. Oft sind sie südexponiert, um in möglichst großen Sonnengenuss zu gelangen. Dabei ist es wichtig, dass sie ausreichend groß dimensioniert werden.

Ein Tisch mit mehreren Stühlen, um sich zumindest im Familien- oder kleinen Freundeskreis gemütlich ausbreiten zu können, sollte in jedem Fall Platz finden. Wer gerne im Freien feiert, sollte etwas mehr Fläche vorsehen, um Raum für weitere Sitzgelegenheiten zu haben – oder um auch noch einen Liegestuhl zum Sonnenbaden unterzubringen.

■■■ Oft aber ist der Garten sehr klein. Bei Erdgeschosswohnungen in Wohnanlagen ist die Terrasse oft nicht Teil des Gartens, sondern der Garten selbst. Dann sind die Ausstattung, der Belag, die Möblierung, Bepflanzung und das Dekor besonders sorgfältig zu wählen.

■■■ Überall wo mehr Platz geboten ist, sollten unbedingt mehrere Sitzplätze eingeplant werden, für verschiedene Zwecke, Stimmungen, Tages- und Jahreszeiten, mit mehr oder weniger Sonne oder Schatten, offen und repräsentativ oder versteckt und heimelig. Diese müssen nicht immer starr befestigt sein. Auch eine Bank im Schatten eines Baumes oder orginelle Klappstühle, die nach Lust und Laune durch den Garten wandern dürfen, sind eine Bereicherung.

Die Gestaltung der Fläche

Die Atmosphäre eines Sitzplatzes hängt wesentlich von seiner Ausgestaltung ab. Dauerhaft uns zu Füßen liegt der Bodenbelag. Wertvoller Naturstein ist hier ebenso denkbar wie fußwarmes Holz, hochwertiger Betonstein, klassischer Klinker oder ein zurückhaltender und doch eleganter Teppich aus feinem Kies. Hochwertig ausgeführt, mit interessantem Muster und Fugenspiel, ruhig einfarbig oder aber im ausgewählten Farb- oder Materialmix ist er weit mehr als nur die stabile Standfläche für die Möblierung.

Auch wenn große Teile eines Gartens befestigt werden, muss das nicht Leblosigkeit bedeuten. Gut geplant, schaffen Pflanzen auch auf wenig Platz den rechten Rahmen.

Direkt am Haus gelegen, in einer geschützten Ecke, werden Terrassen zum beliebten Essplatz und zur Kaffeetafel unter freiem Himmel.

Sichtschutzelemente können, je nach Situation, eine relativ hohe Transparenz besitzen und dennoch gut wirksam sein.

Ein geschütztes Plätzchen

Auf Terrasse und Sitzplatz fühlt man sich nur dann wirklich wohl, wenn man sich geschützt fühlt. Nur wenn man den Eindruck hat, unbeobachtet zu sein, sich störenden Blicken entziehen und frei reden zu können, entsteht die so wichtige ungezwungene Atmosphäre. Ein Sitzplatz wird nur dann gerne genutzt und angenommen, wenn diese Voraussetzungen erfüllt sind.

Sichtschutz ist also ein wichtiges Thema. Wo ausreichend Platz ist, halten Rasen, Beete und abschirmende Pflanzung am Rande des Gartens Nachbarn, Passanten und neugierige Beobachter ausreichend auf Distanz. Wenn es aber enger zugeht, lässt sich das in der Regel nicht so einfach bewerkstelligen. Hier muss auf wenig Raum Sichtschutz geschaffen werden, der seine Funktion optimal erfüllt, sich gleich-

zeitig gut in die Gesamtsituation einfügt und dabei auch ästhetischen Ansprüchen genügt. Manchmal reicht der Platz doch noch für eine Reihe aus Blütensträuchern oder eine geschnittene Hecke aus Hainbuche, Kornelkirsche, Feldahorn oder Eibe, die einerseits innen einen schönen Rahmen für die Gartenbühne schaffen, andererseits aber wirksam nach außen hin abgrenzen. Ansonsten helfen Rankwände und Pergolen aus Holz oder luftigen Metallkonstruktionen. Sie sind zugleich Rankhilfe für belebende Kletterpflanzen.

In diesem Beispiel vermittelt ein transparenter Pavillon aus verzinkten Stahlrundrohren ein angenehmes Gefühl von Geborgenheit. Schutz vor Blicken aus den oberen Stockwerken und vor glühender Hitze in praller Sommersonne bietet das Dach aus hellem Segeltuch.

Schon nach wenigen Jahren werden Kletterpflanzen die metallene Konstruktion weit gehend eingehüllt und in eine grüne Laube verwandelt haben.

Die weiß lackierten Klappstühle und Korbsessel sind ideal gewählt und unterstreichen die heitere Stimmung des Sitzplatzes.

Die Sessel aus verchromtem Drahtgeflecht zählen zu den modernen Klassikern in der Innenarchitektur. Doch auch der Terrasse stehen sie gut zu Gesicht.

Innen und außen

Besonders schön sind Gärten dann, wenn sie mit der Wohnung scheinbar zu einer Einheit verschmelzen. Wenn Innen- und Außenraum unbewusst als Einheit wahrgenommen werden, ist ein kleines Kunststück gelungen und neuer Raum gewonnen. Vor allem deshalb, weil fließende Übergänge nicht nur schön anzusehen sind, sondern den durch die „Zusammenlegung" geschaffenen Gesamtraum uns größer erscheinen lassen als zwei deutlich voneinander abgegrenzte Räume. Das gilt für alle Häuser bzw. Wohnungen und den sich ihnen anschließenden Gärten. Besonders profitieren können von diesem Phänomen aber ohne Frage die kleinen Gärten. Sie werden auf diese Weise zur nahtlosen Erweiterung des Wohnzimmers. Gerade im Sommer, ist diese Tatsache von unschätzbarem Wert. Doch auch im Winter, bei unwirtlichem Wetter oder an trüben Tagen kommt das Gefühl von Weite bestens zum Tragen. Mittels großer Fenster oder flächiger Glaswände ist es sogar noch steigerungsfähig.

Einheit wird erzeugt durch gleiche oder ähnliche Materialien, die Innen und Außen optisch miteinander verbinden. Wenn Stil, Formen und Farben von Möbeln, Ausstattung und Dekor korrespondieren, umso besser.

In diesem kleinen Garten ist die Terrasse gestalterisch wie auch flächenmäßig der Schwerpunkt. Holz in warmem Braunton kleidet den ganzen Boden aus, integriert nahtlos die über die ganze Querseite des Gartens reichende Sitzbank und schafft unübertroffen wohnliche Atmosphäre. Möbel, die genauso gut im Inneren des Hauses Verwendung finden können, steigern das „Wohnzimmergefühl".

Die integrierte Bank vermittelt
Großzügigkeit, ist praktisch und
zum Sitzen wie Sonnenbaden
gleichermaßen geeignet.

Ein weiterer Kunstgriff, um
kleine Gärten größer erscheinen
zu lassen, ist die Schaffung
mehrerer Ebenen und damit
Gartenräume.

Balkone und Dachterrassen

Den Traum vom eigenen „richtigen" Garten kann sich leider nicht jeder verwirklichen. Oft bleibt er nur für die, die selbst ein Haus besitzen oder im Erdgeschoss wohnen. Alle anderen müssen, sofern ein Balkon oder eine kleine Dachterrasse zur Wohnung gehört, dort ihren „Ersatzgarten" realisieren. „Ersatz" muss hier aber keinesfalls Ersatz für Aufenthaltsqualität heißen, sondern bedeutet in erster Linie, dass diese Gärten keinen Anschluss zum natürlichen Boden haben. Ein Nachteil, der aber mit Kübeln und Trögen und einer Fülle an geeigneten Pflanzen recht gut auszugleichen ist. Zugegeben, ein winziger Balkon gibt, das kann man drehen und wenden, wie man will, einfach nicht den Platz her, um

Mit dieser Möblierung wird der Platz auf dem schmalen Balkon optimal genutzt.

dort rauschende Feste zu feiern. Aber er gibt doch das Gefühl von Freiheit, das wir im Freien empfinden, und ist extrem wohnungsnaher und – besonders wichtig – privater Aufenthaltsort für sonnige Tage. Hier kann man sich niederlassen, um zu entspannen, den Sommer zu genießen, zum Essen, Lesen, Sonnenbaden und und und …

Platz zum Sitzen und Träumen

Auf dem Balkon beschränkt sich das Raumprogramm auf das Wesentliche und Notwendigste. Schon zwangsweise, weil einfach nicht mehr geht. Der Sitzplatz ist aber unverzichtbar. Bevor man voreilig Möbel anschafft, sollte man sich genau darüber im Klaren sein, was persönlich wichtiger ist. Will man Tisch und Stuhl, um auch einmal im Freien speisen zu können oder ist doch die Entspannung wichtiger. Will man den Balkon hauptsächlich alleine nutzen oder soll er doch Platz für zumindest einen, vielleicht auch mehrere Gäste bieten. Steht die persönliche Erholung im Vordergrund, dann ist eher die Anschaffung eines Sessels oder Liegestuhls ratsam. Im Winter wollen die meisten Gartenmöbel geschützt aufbewahrt werden. Wer keine Möglichkeit hat, das Balkonmobiliar auf dem Speicher oder im Keller unterzubringen bzw. wem das zu umständlich ist, sollte auf Klappmöbel zurückgreifen, die sich Platz sparend in einer Ecke des Balkons zusammenstellen und mit einer Plane abdecken lassen. Möbel aus Korb oder Loomgeflecht und dekorative Eisenmöbel finden außerhalb der Freiluftsaison auch in der Wohnung ihren Platz. Gleiches gilt für viele moderne Stühle und Beistelltische aus Teak, Kambala oder anderen beständigen Holzarten, die sich im Design an normale Möbel anlehnen und sich so von diesen kaum unterscheiden. Möbel für kleine Balkone und Dachterrassen sollten optisch immer eher als Leichtgewichte auftreten. Schwere Stühle und Sessel, die auf weitläufigen Terrassen durchaus sehr gut passen können, sprengen auf der winzigen Fläche den nun einmal vorgegebenen engen Rahmen. Immer sollte man aber auf gute Qualität achten. Der zunächst vielleicht höhere Preis macht sich durch dauerhafte

Zum Abheben schön. Romantische Baumhausatmosphäre kommt bei dieser ungewöhnlichen Balkonvariante auf.

Ein Vorzug von Balkonen, den auch der schönste bodenständige Garten nie bieten kann, ist die fantastische Aussicht.

Schönheit und lange Lebensdauer über die Jahre in der Regel bezahlt. Um bequem sitzen zu können, ist die Anschaffung von Polstern und Kissen ratsam. Bei ihnen ist auf einen möglichst unempfindlichen Stoff zu achten, z. B. aus schmutzabweisenden Fasern.

Schutz vor Blicken, Wind und Sonne
Je enger es wird, desto wichtiger ist es, dass ein Raum geschützt ist vor neugierigen Blicken oder zufälligen Beobachtern. Beim Balkon ergibt sich durch seine Höhe, die ihn aus dem Blickwinkel von Passanten hebt, zunächst ein natürlicher Sichtschutz. Zu den umliegenden Wohnungen hin sind aber oft zusätzliche Maßnahmen erforderlich. Ist der Balkon von einer Mauer oder großformatigen Platten eingefasst oder einem Geländer mit eng versetzten Holzlatten, so bieten diese guten Schutz vor Einblicken und zugleich auch vor Zugluft und Wind. Filigrane Geländer aus Metall können, wenn Bedarf besteht, von innen mit hellem Segeltuch oder Bastmatten bespannt werden.

Das silbrig glänzende Aluminium der Gartenmöbel und schwarz lackierter Stahl beim filigranen Geländer schaffen ein modernes, luftiges Ambiente.

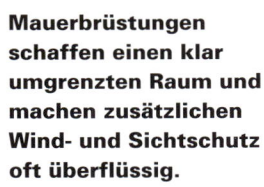

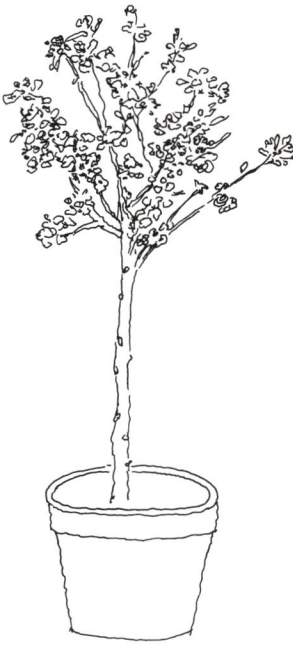

Mauerbrüstungen schaffen einen klar umgrenzten Raum und machen zusätzlichen Wind- und Sichtschutz oft überflüssig.

Gärten en miniature – Töpfe, Kübel, Tröge

Pflanzen gehören zur wesentlichen Ausstattung von Gärten. Sie sind in jedem Fall die lebendigsten unter den dauerhaften Elementen und zugleich die variabelsten. Irgendwie sind sie ständig in Bewegung. Zwar nicht räumlich, von wandernden und sich aussamenden Stauden und Einjährigen einmal abgesehen, aber in ihrer äußeren Erscheinung. Mit zunehmendem Alter verändern sich Habitus, Struktur und Volumen der Gehölze. Außer den immergrünen unter Bäumen, Sträuchern und Stauden wechseln alle Jahr für Jahr ihr grünes Kleid. Früchte erfreuen im Sommer. Im Herbst ist das einmalige Spektakel der Laubfärbung zu beobachten. Man könnte also meinen, in Sachen Abwechslung, Reizen und Spannung wäre mit den bodenständigen Pflanzen schon ausreichend geboten. Dennoch kann man zusätzliche grüne Akzente setzen.

Variable Stimmungsmacher

Kübelpflanzen erlauben es, neue und wechselnde Pflanzen mal hier, mal dort ins rechte Licht zu rücken. So kann ein geschickt platzierter Kübel Rabatten in Blühpausen oder dunklen und bisher unbeachteten Ecken im Garten neuen Glanz verleihen. Der besondere Wert von Kübelpflanzen liegt in ihrer Mobilität. Man kann sie nach Lust und Laune umstellen und gruppieren. Lediglich das Gewicht ist hier der begrenzende Faktor.

Kübelpflanzen finden überall ihre Verwendung, im Garten, auf dem Rasen und im Beet, auf der Terrasse, an Sitzplätzen, auf Balkon und Dachgarten oder vor dem Hauseingang. An Sitzplätzen ist besonders ihr Schmuckwert gefragt. Er ergibt sich aus dem Zusammenspiel von schöner Pflanze und attraktivem Gefäß. Kübelpflanzen unterstreichen die angestrebte Atmosphäre, Pflanze und Kübel werden also entsprechend dem Stil gewählt. Außerdem bieten Kübel und Tröge die Möglichkeit, für den Sommer exotische Pflanzen, die mit unserem winterlichen Klima nicht zurechtkommen würden, in den Garten zu holen. Zitronen, Orangen, Kumquats, Palmen, Feigen, Oleander oder Granatapfel bringen so einen Hauch von Exotik und mediterraner Stimmung in unser heimisches Grün und lassen bei so manchem Urlaubsgefühle aufkommen.

Strauchmargeriten (*Argyranthemum frutescens*) in Weiß und Rosa bescheren Blütenschmuck für den ganzen Sommer.

Höchste Wertschätzung erhalten Pflanzen in Kübeln aber immer dort, wo das Pflanzen in natürlichen Boden nicht möglich ist und sie selbst den Garten „machen". Auf Balkonen und Dachgärten, auf versiegelten Betonwüsten, vor Eingängen und auf Vorplätzen können sie ihre Trümpfe voll ausspielen. Überall hier wird die Kübelpflanze zum Gartenersatz, zum lebendigen und besonderen Schmuck, dessen Wert durch ein schönes Gefäß unterstrichen und angemessen gewürdigt wird.

Von einer Säule getragen und so ins Interesse gerückt, wird hier der mit Ranken geschmückte Terracotta-Topf selbst zur Hauptsache.

Pflanzenname	Standort	Blütenfarbe	Gießen	Bemerkung
Goldtaler, Dukatentaler *Asteriscus maritimus*	vollsonnig bis sonnig	gelb	mäßig	Wuchs aufrecht und überhängend; Blüten bleiben auch bei schlechter Witterung geöffnet; Blütenfülle abhängig vom Sonnengenuss
Leberbalsam *Ageratum houstonianum*	sonnig	blau, violett, weiß	reichlich	Verblühtes kontinuierlich ausknipsen; zu trockenes und staunasses Substrat meiden; gute Schnittblume
Schneeflocken-blume *Bacopa*	sonnig bis halbschattig	weiß, helles violett	regelmäßig	überhängender Wuchs, gut zur Unterpflanzung in Kübeln geeignet; Dauerblüte von März bis Oktober
Begonie *Begonia-Semperflorens-Hybride*	sonnig bis schattig	breites Farbspek-trum, nach Sorte	regelmäßig	anspruchsloser Dauerblüher; auf Mehltau achten!; auch rotlaubige Sorten im Handel
Zweizahn, Goldmarie *Bidens ferulifolia*	sonnig bis halbschattig	gelb	reichlich	üppige, überhängende Blütenkaskaden; sehr ausbreitungswütig, daher bevorzugt einzeln pflanzen; reichlich düngen
Blaues Gänseblümchen *Brachyscome multifida*	sonnig	blau, lila	mäßig	sowohl kompakte als auch überhängende Sorten erhältlich; auf eisenhaltigen Dünger achten; Staunässe vermeiden; Ausknipsen überflüssig, da selbstputzend
Pantoffelblume *Calceolaria integrifolia*	halbschattig	gelb	regelmäßig	auffälliger Flor; Dauerblüte bis zum Frost; unempfindlich gegen Witterungseinflüsse
Kapkörbchen *Dimorphotheca sinuata*	sonnig	orange	regelmäßig	margeritenähnliche Blüte; Blüten schließen sich bei schlechtem Wetter; Verblühtes ausknipsen
Mittagsgold *Gazania rigens*	vollsonnig	orange	wenig	attraktiver Dauerblüher; Hybriden mit größeren Blüten in abweichenden Farben erhältlich
Vanilleblume *Heliotropium arborescens*	sonnig bis halbschattig	violett, dunkelblau	reichlich	Bienen- und Schmetterlingsweide; feiner, vanilleartiger Duft; Blüte von Juli bis Oktober
Fleißiges Lieschen *Impatiens walleriana*	sonnig bis schattig	rosa, kalte Rottöne, weiß	reichlich	durchgehende Blüte bis zum Frost; Blüten-bildung wird gefördert durch phosphorbetonte Düngung
Lobelie *Lobelia erinus*	sonnig bis halbschattig	blau, weiß	reichlich	Rückschnitt fördert bei nachlassender Blüte erneuten Flor
Hänge-Pelargonie, Geranie *Pelargonium-Peltatum-Hybride*	sonnig bis halbschattig	nach Sorte, breites Spektrum	mäßig	die bekannten Hängebegonien; für reichlichen Flor wöchentlich düngen; Verblühtes kontinuierlich ausknipsen
Geranie *Pelargonium-zonale-Hybriden*	sonnig bis halbschattig	nach Sorte, breites Spektrum	mäßig	aufrechte Form der Geranien; Blüten einfach oder gefüllt; Flor regelmäßig ausputzen; Überwinterung möglich
Husarenknöpfchen *Sanvitalia procumbens*	sonnig	gelb	mäßig	selbstreinigend; gesund und robust; dunkler Knopf in der Mitte; überhängend
Verbene, Eisenkraut *Verbena-Hybriden*	sonnig	nach Sorte, blaue und rote Farbtöne	reichlich	für Kübel und Kästen kompakte Formen wählen; häufige Düngergaben erforderlich; wet-terfest

Aufrecht wachsende Geranien (*Pelargonium-zonale-Hybriden*) können im Gegensatz zu ihren hängenden Kolleginnen bei Wunsch auch überwintern.

Im Idealfall ergänzen und steigern sich Pflanze und Topf in ihrem Schmuckwert.

Blütenrausch für einen Sommer

Bei Kübelpflanzen denkt man zunächst spontan an solche Pflanzen, die Jahr für Jahr aus ihrem winterlichen Quartier hervorgeholt werden und für den Sommer ihren Platz unter freiem Himmel im Garten, auf der Terrasse, am Sitzplatz und vor dem Haus beziehen. Sie können gut und gerne viele Jahre oder so manches Jahrzehnt auf dem Buckel haben und lange mit ihrer zunehmend majestätischeren Gestalt geprunkt haben, bevor sie dann doch einmal in alter Würde und hoch geschätzt ausgedient haben.

Doch das Leben im Kübel hat noch mehr zu bieten. Vor allem in Sachen Farbigkeit. Mit Einjährigen und Sommerblumen kann man wahre Farbfeuerwerke ausrichten. Ihre Leuchtkraft ist legendär und bei allen, die es gerne bunt haben, beliebt. Wer es lieber dezent und elegant mag, wird unter ihnen etwas schwerer fündig. Dafür aber alle die, die fröhliche Farbenpracht und überquellende Blütenfülle schätzen.

Wechselspiele

Sommerblumen lassen Spielraum offen, sich jedes Jahr neu zu entscheiden und die Gestaltung wechseln zu lassen. Sie werden jährlich neu gesetzt und eröffnen so immer wieder neue Möglichkeiten. Was aber nicht dazu verleiten sollte, es allzu bunt zu treiben. Hier gelten, was Farben betrifft, die gleichen Regeln aus der Farbenlehre wie in Garten und Beet! Die hohe Kunst heißt gezielte Auswahl und Beschränkung. Gekonnte Farbkombinationen erzeugen hier wie dort die beste Wirkung und weisen den Geschmack und das Können des Gärtners aus.

Gerade dort, wo ein Überwintern von dauerhaften Kübelpflanzen oft nicht oder nur erschwert möglich ist, sind Sommerblumen besonders wertvoll. Da wäre an erster Stelle der Balkon zu nennen, der zweifellos der größte Gewinner beim Spiel mit den blühenden Schönheiten für einen Sommer ist.

Zart rosa überhaucht, passt diese Hauswurz hervorragend zur der kleinen, tönernen Amphore.

Topf an Topf und Kopf an Kopf lässt dieses Arrangement die Spiel-möglichkeiten des *Semper-vivum-* und *Jovibarba-*Sortiments erahnen.

Ergänzt durch eine schillernd glänzende Kugel aus Glas, formieren sich die Töpfe zum liebevollen Detail.

Hauswurz wurde in früheren Zeiten aufs Dach gepflanzt, um Blitz und Unwetter fernzuhalten. Neben der Tür wird sie heute zum freundlichen Hüter.

Sonnenanbeter

Wer das Besondere liebt und seinen Blick und seine Aufmerksamkeit gerne aufs Detail lenkt, dem seien die Pflanzen, die auf dieser Seite zu sehen sind, ans Herz gelegt.

Die hübschen Zwerge gehören allesamt zur Gruppe der Hauswurze (*Sempervivum*-Arten und -Hybriden) und Jupiter- oder Donnerbärte (*Jovibarba*-Arten und Hybriden). Wohl mit keiner anderen Pflanze lassen sich solch reizvolle Topfgärten mit dieser ruhigen, nie aber langweiligen Ausstrahlung erschaffen. Ihre liebenswerten Gesichter strahlen uns immer freundlich an, das ganze Jahr über, sind sie doch dauerhaft und immergrün, und nehmen es uns auch nicht übel, wenn wir längere Zeit vergessen, nach ihnen zu sehen. Je nach Art, Sorte, Standort und Jahreszeit variiert ihre Färbung von verschiedenen Grün- und Grau-grüntönen bis zu Rot und Braun in abgestuften Schattierungen. Manche hüllen sich in ein flauschiges Gespinst, das dazu auffordert, darüber zu streichen.

Viel Sonne und wenig Wasser

Hauswurze und Donnerbärte sind sukkulente Stauden, das heißt, sie sind dauerhaft und besitzen dickfleischige Blätter, in denen sie Wasser speichern. Diesen Speicher benötigen sie auch, lieben sie doch schottrige Substrate, die Wasser rasch ableiten und arm an Nährstoffen sind. Richtig in ihrem Element sind sie, wenn es trocken und heiß wird. Überfluss ist ihnen ein Gräuel, Staunässe ist tödlich, reichlich Nährstoffe machen sie nur fett und mastig und untauglich für die harten Monate des Winters. Endlich eine Pflanze, die (fast) nichts von mir will, wird jetzt sicher mancher denken!

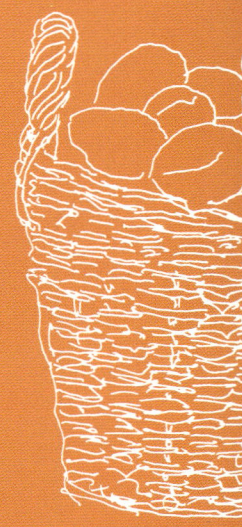

In dekorative Tongefäße „verpackt",
formieren sich Bibernelle, Thymian und
Oregano zum Miniaturaromagarten.

Kräuter und Sommer-
blumen, Stauden und
Kübelpflanzen ergeben
Topf an Topf eine gute
Nachbarschaft.

Gaumenfreuden

Dass Gärten am Haus vorwiegend oder ausschließlich dem Vergnügen und der Erholung dienen, ist eine Erfindung unserer Zeit. Der zeitintensive Anbau von Gemüse und Obst im eigenen Garten wird heute nur noch von wenigen betrieben. Schade eigentlich, ist die eigene Ernte doch mit kurzen Wegen, herrlicher Frische und dem sicheren Wissen über Herkunft und Anbaubedingungen verbunden. Doch ein kleines Beet zumindest für Kräuter wird heute meistens auch im kleinen Garten freigehalten. Denn das Aroma frischer Kräuter ist durch getrocknete lange nicht zu erreichen und bedeutet eine ungemeine Bereicherung für den täglichen Speiseplan.

Manche wollen auch deshalb kein Gemüse in ihrem Garten, weil sie den Anblick der Beete nicht schön finden. Dabei gaben sich schon in alten Bauerngärten Gemüse, Beerensträucher, Blütensträucher, Obstbäume, Stauden und Sommerblumen die Hand.

Sie waren und sind Beweis dafür, dass das Nützliche ganz hervorragend mit dem Schönen Hand in Hand gehen und eine wahre Augenweide sein kann.

In moderne Form übersetzt, kann man heute in Beeten Mangold und Rittersporn, Salat und Taglilie, Kräuter und Astern zu guter und obendrein das Auge erfreuender Nachbarschaft setzen. Gleiches gilt selbstverständlich auch für Kräuter, unter ihnen selbst viele mehrjährige Stauden, die gut auch einfach ins Staudenbeet gesetzt werden können. Schließlich sind sie perfekte Beispiele für die Einheit von Nutz- und Zierpflanze. Überhaupt, wer wollte hier die Grenzen festlegen?

Was dem Beet recht ist, ist dem Kübel billig. Die muntere Kombination von Zierpflanzen mit Nutzpflanzen ist auch hier problemlos und durchaus eine Bereicherung. Kräuter kommen auf der Terrasse in vollen Sonnengenuss, sind schnell und trockenen Fußes von der Küche aus zu erreichen und schwängern die Luft mit aromatischem Duft. Erdbeeren, Kohlrabi oder Tomaten in Kübeln machen Balkon und Terrasse zum paradiesischen Naschgarten.

Als Kübelpflanzen für Terrasse und Balkon erweitern Kräuter, Obst und Gemüse das sinnliche Erlebnis Garten.

In den Trog gepflanzt, werden Funkien, gelblaubiger Ahorn und immergrüne Heckenkirsche aus der grünen Masse besonders hervorgehoben.

Dauerhafte Schönheit

Die klassischen Kübelpflanzen sind die, die uns nicht nur für den Moment eines Sommers erfreuen, sondern Jahr für Jahr unsere Terrassen, Balkone, Gärten, Höfe und Eingänge schmücken. Oft sind es keine Schönheiten auf den ersten Blick wie die Sommerblumen, die sofort rasant durchstarten, denen aber leider auch schnell, bereits nach einer Saison, die Puste ausgeht. Diese „Klassiker" haben einen langen Atem und verlangen ihn auch von uns. Wer den kleinen, unscheinbaren Setzling eines Oleanders oder Lorbeers vor sich hat, braucht schon ein wenig Pflanzenkenntnis, um die spätere Pracht, Eleganz und Schönheit in dem Pflänzchen zu erahnen, mit denen unsere jahrelange Geduld und liebevolle Pflege schließlich be-

lohnt wird. Ausdauernde Kübelpflanzen brauchen einfach, wie die Pflanzen des Gartens auch, ein wenig Zeit zur vollkommenen Entwicklung. Und die soll ihnen auch gegönnt sein, folgt doch der mühsamen Kindheit und Jugend schließlich eine lange, glanzvolle Zeit. Wem das Warten zu lange dauert, kann auch in Gärtnereien gezogene, ältere Pflanzen kaufen. Dass die allerdings einen stolzen Preis fordern, versteht sich von selbst. Preiswerter ist es da, selbst Ableger aus Trieben älterer Pflanzen zu ziehen, so bekommt man die Pflanze quasi zum Nulltarif, oder Jungpflanzen zu kaufen. Viele Kübelpflanzen sind durch Stecklinge gut zu vermehren.

Grundsätzlich lässt sich bei Kübelpflanzen zwischen Stauden bzw. Zwiebel- und Knollen-

Bauern-Hortensien (*Hydrangea macrophylla*) sind normale Gartenpflanzen, aber auch für die Verwendung in Kübeln bestens geeignet.

pflanzen und Gehölzen unterscheiden.

Stauden sind eigentlich sehr pflegeleicht. Die wichtigste „Arbeit" in ihrer Aufzucht ist eigentlich Warten, natürlich abgesehen von der Schaffung der optimalen Standortbedingungen, gutem Boden, ausreichendem Gießen und einer angemessenen Nährstoffversorgung. Da am Ende der Vegetationsperiode ihre oberirdischen Teile absterben und die Pflanze sich unter die Erde zum Ruhen zurückzieht, erübrigt sich ein formender Schnitt. Gleiches gilt auch für Knollenpflanzen wie die Schmucklilie (*Agapanthus orientalis*).

Bei allem, wo Triebe verholzen, sieht es da schon etwas anders aus. Für viele von ihnen ist regelmäßiger Schnitt unerlässlich, um Schönheit, Vitalität und Blühfreude zu erhalten.

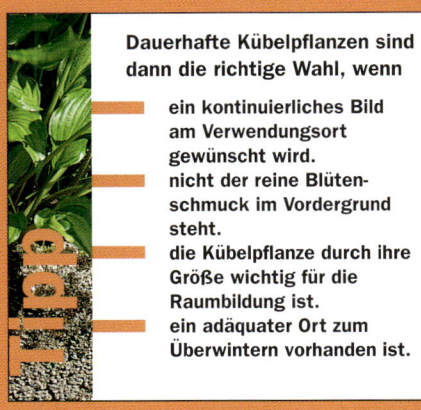

Dauerhafte Kübelpflanzen sind dann die richtige Wahl, wenn

- ein kontinuierliches Bild am Verwendungsort gewünscht wird.
- nicht der reine Blütenschmuck im Vordergrund steht.
- die Kübelpflanze durch ihre Größe wichtig für die Raumbildung ist.
- ein adäquater Ort zum Überwintern vorhanden ist.

Pflanzenname	Standort ☀	Blütezeit III–VI	Überwinterung Minimaltemperatur 🏠	Bemerkung ❗
Strauchmargerite *Argyranthemum frutescens*	vollsonnig bis sonnig	Mai bis Oktober	hell 5-10°	Verblühtes kontinuierlich ausknipsen; hoher Nährstoffbedarf; Rückschnitt im Winter
Schönmalve *Abutilon-Hybriden*	sonnig	Mai bis Oktober	hell 5-10°	Schnitt und wöchentliche Düngung erforderlich; immergrün; gut bei Zimmertemperatur zu überwintern
Schmucklilie *Agapanthus orientalis*	vollsonnig	Juni bis August	hell oder dunkel 0-10°	dunkle, kalte Überwinterung; bei zu warmer Überwinterung Reduktion des Flors; selten Umtopfen
Bougainvillea *Bougainvillea glabra*	vollsonnig	Juni bis November	hell oder dunkel 0-10°	Überwinterung als Zimmerpflanze möglich; im Winter sparsam gießen
Zylinderputzer *Callistemon citrinus*	vollsonnig	Mai bis Juli	hell 0-10°	kalkempfindlich: saures Substrat wählen, alkalischen Dünger und kalkhaltiges Gießwasser meiden
Gewürzrinde *Cassia corymbosa*	vollsonnig	Mai bis Dezember	hell oder dunkel 0-5°	starker Rückschnitt vor dem Einräumen
Zitruspflanzen *Citrus*	vollsonnig bis sonnig	überwiegend Frühjahr	hell 5-10°	kalkempfindlich; Staunässe-empfindlich; Eisendüngung bei Blattaufhellungen
Engelstrompete *Datura/ Burgmansia*	sonnig bis halbschattig	April bis September	hell oder dunkel 5-10°	sehr hoher Wasser- und Nährstoffbedarf; in allen Teilen giftig; süßer Blütenduft kann bei Empfindlichkeit Kopfschmerzen verursachen; Rückschnitt erforderlich
Zierbanane *Ensete*	sonnig bis halbschattig	–	hell > 12°	sehr hoher Wasser- und Nährstoffbedarf;-Rückschnitt nicht möglich; leicht durch Samen zu vermehren
Echte Feige *Ficus carica*	sonnig bis halbschattig	–	hell oder dunkel	frostverträglich, in mildem Klima völlig frosthart, muss nur bei starken Frösten geschützt werden; großer Platzbedarf; essbare Früchte
Fuchsie *Fuchsia-Hybriden*	sonnig bis schattig	Mai bis Oktober	hell oder dunkel 0-10°	extrem große Formenvielfalt; hoher Wasser- und Nährstoffbedarf; Rückschnitt im Winter
Roseneibisch *Hibiscus rosa-sinensis*	sonnig	Juni bis November	hell > 10°	empfindlich gegen Staunässe; gut als Zimmerpflanze zu überwintern; hohe Düngergaben erforderlich
Wandelröschen *Lantana camara*	sonnig	März bis September	hell 0-10°	Rückschnitt im Winter; Früchte (Beeren) sind giftig
Lorbeer *Laurus nobilis*	sonnig bis schattig	–	hell oder dunkel frostverträglich	dunkle, kalte Überwinterung möglich; Schutzmaßnahmen bei starken Frösten; gut geeignet zum Formschnitt
Oleander *Nerium oleander*	vollsonnig	April bis Oktober	hell 4-8°	liebt, als Ausnahme unter den Kübelpflanzen, kalkhaltiges Substrat; giftig; Rückschnitt fördert bei Verkahlung die Verzweigung
Bleiwurz *Plumbago auriculata*	sonnig bis halbschattig	Mai bis November	hell oder dunkel 0-10°	brüchige Triebe; abgeblühte Blüten ausknipsen; gut schnittverträglich

Pflege für Schönheit und ein langes Leben

Dauerhafte Kübelpflanzen wollen und sollen lange Freude machen und über viele Jahre unseren Garten bereichern. Die Schönheit liegt selbst bei Pflanzen nicht einfach nur in der Natur der Sache, sondern ist auch hier auf kleine Hilfestellungen, auf Zuwendung und konsequente Pflege angewiesen.

Ein Platz zum Wohlfühlen

Auch Pflanzen sind immer dann das blühende Leben, wenn sie sich in ihrer Umgebung rundum wohl fühlen. Die fängt beim Leben im Kübel mit den Füßen an. Das Substrat muss stimmen. Für die überwiegende Zahl der Kübelpflanzen bedeutet das ein strukturstabiles Substrat, das einen guten Luft-, Wasser- und Nährstoffhaushalt sicherstellt. Wegen des eng begrenzten Wurzelraums gehören ein gutes Speichervermögen von Nährstoffen und Wasser zu den entscheidenden Qualitäten. Ein hoher Torfanteil ist Gift, denn einerseits sackt dieser Stoff stark und andererseits ist er, einmal ausgetrocknet, nur mühsam wieder zu befeuchten. Am besten wird ganz auf ihn verzichtet, schon aus Gründen des Naturschutzes. Lehm und Ton waschen sich aus, wandern zum Boden des Topfes und verstopfen dort die Abzugslöcher. Günstig ist ein lockeres Erdgemisch, etwa aus Garten- und Komposterde unter Hinzufügen von strukturstabilen Anteilen wie Blähton, gebrochenem Blähschiefer, Kokosfasern oder Reisspelzen.

Gedüngt wird am besten mit langsam fließenden, umhüllten Depotdüngern mit ausgewogenen Nährstoffanteilen. Sie geben die enthaltenen Stoffe langsam und kontinuierlich ab und stellen sie der Pflanze relativ konstant zur Verfügung. So lassen sich auch Schäden durch eine Überdüngung oder aber einen akuten Nährstoffmangel weit gehend vermeiden.

Kontinuität ist auch beim Gießen oberstes Gebot. Manche beliebte Kübelpflanze wie die Engelstrompete (*Datura*) oder der Enzianstrauch (*Solanum rantonnetii*) ist ein wahrer „Säufer" und will täglich gegossen werden.

Attraktive Kübelpflanzen fokussieren den Blick auf zuvor oft unscheinbare Winkel im Garten.

Zitrusfrüchte bringen auch in unseren Breiten als Kübelpflanze gleichermaßen dekorative wie köstliche Früchte hervor.

Schöne Hausgärten für jeden Geschmack

Für kleine Gärten gibt es ein paar Regeln, aber kein Patentrezept. Wichtig ist vor allem konsequenter Stil bis hin zur Ausstattung.

Grüne Oasen im Dialog mit der Architektur

Wasser bereichert den Garten immer, in der Gestaltung wie auch im sinnlichen Erleben.

Kleine Gärten sind in der heutigen Zeit nicht mehr die Ausnahme, sondern meist die Regel. Immer mehr Menschen realisieren ihren Traum vom eigenen Haus im Grünen. Der ständig wachsende Raumbedarf für neue Siedlungen zwingt dazu, auch wenn es vielleicht zunächst paradox klingt, mit dem immer kostbarer werdenden Raum sparsam umzugehen. Der hohe Wert der Fläche ergibt sich in erster Linie daraus, dass sie nicht vermehrbar ist, die Flächenansprüche, gerade für Bauland, aber permanent ansteigen. Der hohe Preis für ein Baugrundstück macht in gewisser Weise auch deutlich, dass Land ein extrem kostbares und einmaliges Gut ist.

Auch in bestehenden Siedlungen findet eine Nachverdichtung statt, entstehen immer mehr Gebäude, die das Grün oft schmerzlich schrumpfen und die Häuser enger zusammenrücken lässt.

Gerade wo es eng ist, wird der Wert von allem Grün, den letzten Spuren von Natur, von Gärten, Höfen und grünen Plätzen besonders deutlich. Der Mensch kommt, mag er auch noch so „zivilisiert" sein und in einer von ihm selbst und „seiner" Technik geprägten Umgebung leben, ohne die Natur nicht aus. Nicht nur objektiv betrachtet, schließlich handelt es sich um seine natürlichen Lebensgrundlagen, die Voraussetzung für seine Existenz, sondern in starkem Maße subjektiv. Sich wohl fühlen, Heimat, Entspannung, Ruhe, Erholung – diese Begriffe werden immer auch mit Natur, Landschaft, Garten und Grün verbunden.

Der Wert der vielen kleinen grünen Inseln, die unsere Siedlungen wie ein Netz durchziehen, erklärt sich damit von selbst. Abgetrennt von jeglicher Form von Natur wären wir wie ein Fisch ohne Wasser. Wir benötigen die Natur, weil unsere Seele, unser eigentlicher innerer Motor sich hier wieder aufladen kann. Eine weitere Begründung für den Wert unserer Gärten erübrigt sich wohl.

Wie groß der Garten ist, ist für seine Funktion als Raum zum „Auftanken" eigentlich zweitrangig. Größe kann mehr Komfort, mehr Möglichkeiten bedeuten, aber nicht zwangsweise mehr Qualität, mehr Schönheit oder mehr Entspannung.

Kleine Gärten können uns alles bieten, was wir wirklich brauchen, die Ruhe, das Naturerlebnis, die sinnlichen Reize und den Raum, um befreit von der Enge der allseitigen Begrenzung in Gebäuden tief durchatmen zu können. Die Umsetzung dieser Eigenschaften fordert keine bestimmte Form. Hier ist vieles möglich. Die Form hängt ab vom konkreten Ort, seinen

Rasen ist ein guter Gegenspieler und ruhiger Gegenpol für buntes Treiben und üppige Vielfalt rundum.

Mit Kübelpflanzen, hier Fuchsien mit korallenroten Blüten, lassen sich Sitzplätze in immer neue Stimmungen tauchen.

Voraussetzungen und seiner baulichen Umgebung, von den Ansprüchen, die an den Garten gestellt werden. Die ergeben sich aus den Vorstellungen, Wünschen und Träumen seiner Besitzer bzw. Benutzer und sind in der Konsequenz absolut individuell. So unendlich vielfältig wie all diese Träume, so unendlich vielgestaltig sind auch die Gärten.

Vielfalt statt Einfalt

Wer nach einem immer gültigen und anwendbaren Rezept für die Gestaltung kleiner Gärten sucht, wird nicht fündig werden. Ein solches Rezept gibt es nicht, und es wäre auch absolut überflüssig. Was es gibt, sind ein paar hilfreiche Tipps und Regeln, mit deren Hilfe es gelingen kann, die flächenmäßige Enge zu überlisten. Sie zu berücksichtigen ist ratsam, steigern sie doch die „Wohnqualität".

In erster Linie aber sind Gärten individuell. Individuell wegen immer wieder ganz eigener Voraussetzungen und weil sie – im Idealfall – ein verwirklichter Traum sind.

Was ist Stil?

Und doch gibt es so etwas wie „Schubläden", in

Formale Elemente wie die Kugel und exakte Beeteinfassung aus geschnittenem Buchsbaum geben der Vielfalt an Strukturen optischen Halt.

Das Motiv des Bauerngartens stand bei dieser Gestaltung Pate. Haus und Garten ergänzen sich in ihrer Erscheinung und ergeben ein rundes Bild.

die sich Gärten einordnen lassen. Wir sprechen beispielsweise von formalen oder Naturgärten, von Farb- oder Themengärten, von romantischen Gärten oder solchen nach historischem Vorbild.

Für derartige Zuordnungen wird oft auch der Begriff Stil verwendet. Gemeint ist eine Beschreibung der Form, des Vorbilds oder Ziels, an dem sich die Gestaltung orientiert.

Aber das ist nur die halbe Wahrheit und wird dem Phänomen Stil nicht gerecht. Stil ist auch eine Einstellung und eine Fähigkeit, in erster Linie die zur Konsequenz. Stil heißt sich

zu entscheiden, in diesem Fall für eine Form und Stimmung, und diese dann auch wirklich konsequent umzusetzen. Stil heißt, einer Linie treu zu bleiben und sich nicht von den vielen anderen Möglichkeiten ablenken zu lassen. Und gerade das ist im kleinen Garten wichtig. Denn nur mit der Ruhe, Klarheit und Harmonie, die die geradlinige Umsetzung einer übergeordneten Idee einem Gartenraum verleiht, finden auch wir selbst die ersehnte und so wichtige Ruhe.

Eine naturnahe Pflanzung lebt von den Strukturen der Bäume, Sträucher, Stauden und Einjährigen und der Vielfalt der Texturen beim Blattwerk.

Der Natur auf der Spur

Auf die Frage, was sie an ihrem Garten am meisten schätzen, werden viele zunächst sagen, es sei die Erholung und die neue Energie spendende innere Ruhe, die sie hier finden.

Mindestens aber an zweiter Stelle werden sie die Naturerfahrung nennen, die so ungemein bereichernd ist und das Raumerlebnis Garten so besonders macht. Im Garten kommen wir der Natur ein Stückchen näher, auch wenn außer Zweifel steht, dass es sich doch immer um ein Stück kultiviertes Land handelt. Wir erleben die Abläufe in der Natur passiv durch Beobachten und die bewusste wie unbewusste Erforschung des Raums mit all unseren Sinnen. Schließlich „begreifen" wir die Natur noch über die Gartenarbeit.

Vorbild Natur

In naturnah gestalteten Gärten sucht man das Vorbild in der freien Landschaft und überträgt so manche Gesetzmäßigkeit auf das eigene grüne Reich.

■■■ Pflanzen aus der heimischen Flora schaffen „Bodenständigkeit" und bilden das Grundgerüst der „grünen Ausstattung". Natürlich dürfen auch Pflanzenschätze ferner Länder verwendet werden. Immer aber sollte ein „natürlicher" Eindruck entstehen, auffällige Züchtungen und Exoten sind fehl am Platz bzw. nur vereinzelter Blickfang. Die Verwendung nach Lebensbereich, also an einem Standort, der dem natürlichen der jeweiligen Pflanze in puncto Klima, Boden, Temperatur, Wasser- und Nährstoffangebot am nächsten kommt, ist

Mit einer rahmenden Pergola, die hier nicht als Schattenspender dient, sondern mit attraktiven Kletterpflanzen einen geschützten Raum im (Garten-)Raum schafft, gewinnt der Sitzplatz an Atmosphäre.

Holz und Kies gestalten Wege und Beete und verbinden Erschließung und Beete nahtlos.

Dank der Pergola werden attraktive Kletterpflanzen, hier Wilder Wein (*Parthenocissus tricuspidata* ´Veitchii`), auch mitten im Garten in luftige Höhen gehoben.

selbstverständlich. Als positiven Nebeneffekt erleichtert solche Pflanzenverwendung, sozusagen als Belohnung, den Aufwand bei der Pflege.

■■■ Materialien mit natürlichem Charakter unterstützen die Stimmung. Holz, Naturstein, Klinker und Kies sind aus der Natur bzw. direkt aus natürlichen Stoffen gewonnen und gefertigt; sie stellen keinen Fremdkörper im Freiraum dar.

■■■ Fließende Übergänge orientieren sich am Vorbild Natur und geben Spielraum für Variationen. Veränderungen durch Pflanzen, die sich auch gerne in den Fugen von Wegen und Terrassen von den Beeten her „einschleichen" dürfen, werden zugelassen.

■■■ Natur heißt Dynamik und niemals Statik. Naturnahe Gärten lassen ihrer Entwicklung diesen Spielraum und sind so für manche Überraschung gut.

Eine strukturreiche Gestaltung, die auch nicht bis in den letzten Winkel gesteuert und kontrolliert wird, schafft Lebensraum für verschiedenste Pflanzen und Tiere. Naturnahe Gärten sind so durchaus ein Schlupfwinkel für so manche Art, gerade in dichter Besiedlung. Sie sind dauerhafter oder temporärer Lebensraum und Futterquelle für Vögel, Kleinsäuger und Insekten, gelegentlich auch für Amphibien.

■■■ Nah an der Natur wird der Garten zum echten Erlebnisraum. Das macht ihn für uns alle so wertvoll, besonders aber für Kinder, die hier spielend die Kostbarkeit und Einmaligkeit unserer natürlichen Umwelt zu schätzen lernen.

Das Element Wasser ist eine Bereicherung für jeden Garten. In kleine Gärten passen geometrische Becken am besten, die sich mit wenig Platz begnügen und sich gestalterisch doch selbstbewusst behaupten können.

Außenansicht. Während auf der gegenüberliegenden Seite der Sitzplatz mit rahmender Pergola von innen zu sehen ist, ist hier, vom Blick aus dem Garten, die Spannung und Neugierde zu erahnen, die solche transparenten Wände im Freien erzeugen können.

Ein Zimmer im Grünen

Sobald es das Wetter zulässt und die ersten sehnsüchtig erwarteten, wärmenden Strahlen der Frühlingssonne und bunte und duftende Frühlingsblüher uns ins Freie locken, ist Saisonbeginn auf der Terrasse und im Garten. Endlich wieder draußen sitzen, in geselliger Runde oder allein, tafeln und feiern.

Wirklicher Gartengenuss setzt Privatheit voraus, zumindest bei Terrasse und Sitzplatz. Hier will man einfach ungestört sein.

Gartenhöfe

Glücklich kann sich hier schätzen, wer Besitzer eines Gartens mit Hofcharakter ist. Allseitig umschlossen vom eigenen Haus und Nachbargebäuden oder aber geschützt durch eine hohe Mauer, entsteht hier von selbst die Intimität, die wir im Garten suchen. In Gartenhöfen wird der Mangel an Fläche nicht zum Nachteil. Hier ist gerade die deutlich spürbare Begrenzung die Besonderheit, die den Hof zum erweiterten Wohnraum werden lässt.

Gerne dürfen hier auch, wie der Garten auf diesen Seiten beweist, große Teile der Fläche befestigt sein. Der Belag bietet hier die besondere Chance, den Boden zu unseren Füßen zum einzigartigen Schmuckstück zu adeln. Der Garten rundum zieht parallel mit und wird durch seine Pflanzen und die Gestaltung der den Raum begrenzenden Wände zum ebenbürtigen Schmuckkästchen.

Der dekorative Wert eines Belages kann unterschiedlichen Ursprungs sein:

■■■ Edles Material wie wertvoller Naturstein ist meist selbst Schmuck genug, aber durch interessante Verlegearten und Fugenraster in seiner Wirkung steigerungsfähig.

■■■ Mit einem Mix aus Materialien lassen sich interessante Kontraste erzeugen, die die Aufmerksamkeit auf sich ziehen.

■■■ Farbeinheit oder –verwandtschaft bei Außenbelag und Fassade oder Fußboden im Inneren des Hauses steigert die Raumwirkung, verdeutlicht die enge Verbindung von Haus und Hof und unterstreicht die Bedeutung des Gartens als erweitertem Wohnraum.

Ein Plätzchen im Grünen. Unter der üppig gedeihenden Kletter-Hortensie (*Hydrangea petiolaris*) ist die Klinkermauer nahezu vollständig verschwunden.

Schattige Gartenhöfe gewinnen durch

- helle Farben bei Wänden und Belägen, die Licht in den Schatten tragen.
- Blüten in Weiß, Creme, Gelb oder Pastell bei Schattenstauden wie etwa Prachtspiere (*Astilbe*), Japan-Anemone (*Anemone japonica*) oder Schaumblüte (*Tiarella cordifolia*).
- das Spiel aus dem Kontrast unterschiedlicher Blattformen, etwa von Farnen und Funkien (*Hosta*).

Tipp

Ein die Situation prägendes, bestimmendes Gehölz tut auch dem kleinen Garten wohl. Es wirkt raumbildend, dient als optischer Schwerpunkt im Raum und ist darüber hinaus wertvoller Schattenspender.

Klinker und Naturstein sind immer gute Partner. Hier durchbrechen Bänder aus Kleinstein und Platten, die sich frech und konsequent dem rechten Winkel widersetzen, das strenge Fugenbild des behaglich roten Klinkerteppichs und gliedern und akzentuieren so die Fläche.

Die Mauern eines ehemaligen Gewächshauses sind der ideale Hintergrund und Rahmen für die moderne Interpretation der klassischen Staudenrabatte. Die alten Stahlträger werden zum Laubengang veredelt.

Auferstanden in neuem Glanz

Manchmal liegt das Gute so nahe. Man muss nur den richtigen Blick dafür haben oder es entdecken, wenn es sich zunächst hinter einer unscheinbaren Fassade versteckt.

Das kennen sicher einige: Man verliebt sich spontan in ein Haus, seine Schönheit oder seine schöne Lage oder die Tatsache, dass zu ihm auch ein Grundstück gehört, wo sich endlich der Traum vom eigenen Garten realisieren ließe. In wenigen Fällen ist er dann schon da, der perfekte Garten. Leider trüben oft die vorhandenen „Altlasten" den Gartentraum und lassen vor dem Aufwand der Um- und Neugestaltung abschrecken. Doch Bestehendes gibt auch die Chance, Vorhandenes zu integrieren, in ein neues Gewand zu hüllen, Altes mit Neu-

em zu verbinden und so die Besonderheit des Ortes zu erhalten bzw. freizulegen – und eine Menge Geld zu sparen!

Eine Gärtnerei wird zum Garten

Bester Beweis ist der Garten auf diesen Seiten. Dank der Weitsicht ihres neuen Besitzers durfte eine alte Gärtnerei ihr Gesicht bewahren. Einige Korrekturen und Umbauten hier und dort und ein zeitgemäßes „Lifting", das der Umnutzung des Geländes von der Erwerbsgärtnerei zum Haus- und Freizeitgarten gerecht wird, arbeiten mit den bestehenden Strukturen und nicht gegen sie. So ist ein unverwechselbares, kleines Gartenparadies entstanden, das in puncto Schönheit und Vielseitigkeit jedem Vergleich standhält.

Hier wurde die Chance erkannt und genutzt, mit dem Bestand ganz einfach und mit relativ geringem Aufwand auf engem Raum verschiedene reizvolle Gartenräume zu schaffen.

Ein Gewächshaus bleibt Gewächshaus und wird zugleich Wintergarten mit Sitzplatz und Ausstellungsraum. Die besondere Schönheit des alten Nutzbaus wurde nur minimal verändert.

Wer Wasser in seinen Garten holt, will auch von dessen wohl tuenden Eigenschaten profitieren. Also gehört immer auch ein Sitzplatz dazu.
Eine üppige Pflanzung wie diese, die ihre Ruhe in der Beschränkung der Blütenfarben auf Weiß und Blau findet, schafft ein einladendes Ambiente.

So kommt die Gartentür groß raus. Rose und Flieder, zwei traditionelle Gehölze des Bauerngartens, flankieren beidseits den Eingang und verströmen mit ihren Blüten süßen Duft.

Grüße aus dem Bauerngarten

Der Bauerngarten als Vorbild und Motiv in der Gartengestaltung ist ein Dauerbrenner und erfreut sich auch heute größter Beliebtheit.

Ursprünglich waren Bauerngärten freilich in erster Linie Nutzgärten. Sie lieferten Obst, Gemüse, Heilpflanzen und Kräuter, man erntete die Früchte seiner Arbeit. Die Schönheit war eine erfreuliche Zugabe, aber nicht das eigentliche Ziel. Schnittblumen für Festtage finden in ihm ihren Platz, ebenso Sommerblumen und Stauden.

Romantische Impressionen

Wer heute das Motiv des Bauerngartens umsetzt, sehnt sich aber in erster Linie nach der romantischen Stimmung, die seine traditionellen Vertreter bei aller Nützlichkeit auch ausstrahlen. Beete nach Bauerngartenart sind oft blütenbetont und bunt. Aber nicht unbedingt, es geht auch ruhiger. Immer aber ist eine bunte Mischung erlaubt, sei es von Farben oder Gemüse, Obst, Kräutern und Blumen neben- oder miteinander. Solche Beete scheinen schier überzuquellen. Sie gewinnen durch eine gewisse scheinbare, liebevolle Unordnung, die direkt unser Gefühl anzusprechen vermag.

Den notwendigen Halt geben hier strenge Grundformen, das traditionelle Kreuz, das seine Wurzeln im Klostergarten hat und Einfassungen aus Buchs oder anderen Pflanzen, die die Beete in ihren Grenzen halten.

Bauerngartenstimmung im Reihenhausgarten. Die mit Buchs gefassten Felder gliedern die Fläche und schaffen angenehme Proportionen in dem lang gezogenen Schlauch. Die Form ist klar, wirkt aber nicht streng dank der bunten Mischung in den Beeten.

**Das Spiel mit dem Kreis wurde hier ganz klar
gewonnen. Die Proportionen sitzen einfach und
wirken ganz zufällig. Gerade darin zeigt sich das
Können des Planers.**

Hier schließt sich der Kreis

Der Kreis - eine Erscheinung, die selbstbewusst auftritt, klassisch und doch auch immer modern ist, in jedem Fall aufgrund ihrer Perfektion immer ins Auge sticht und unsere Aufmerksamkeit fordert und erhält. Ein Kreis ist eben eine „runde Sache". Harmonie, ein gefälliges Äußeres und kraftvolle Ruhe gehören zu seinen ureigensten Eigenschaften. Deshalb kann er sich gut einfügen im Garten, wie dieses Beispiel beweist. Und das, obwohl er mit seinem glatten und ebenmäßigen Äußeren kaum seinesgleichen in der Natur finden wird. Doch gerade dieser Kontrast ist, so paradox es zunächst auch klingen mag, der Gewinn für den Garten.

Durch die Konfrontation der Strenge und klaren Form mit der „Wildnis" der Bäume, Sträucher und Stauden bekommen beide eine hervorragende Bühne, die die jeweiligen Vorzüge bestens zur Schau stellt.

In diesem kleinen Garten wurde in der Gestaltung überhaupt viel getan, um den begrenzten Raum sowohl optimal zu nutzen als auch wirken zu lassen.

■■■ Ein Thema durchzieht zum Gewinn des Gesamten konsequent den ganzen Garten. Der Kreis zeichnet die dauerhaften Formen von Wegen, Plätzen, Stufen und Mauern nach. Gruppen von perfekt geschnittenen Buchskugeln steigern das Motiv.

■■■ Mehrere, hintereinander liegende Gartenräume schaffen Tiefe und Perspektive.

■■■ Jeder der Räume hat eigene Qualitäten und bietet neue Perspektiven. Licht und Schatten, erzeugt von größeren, raumgestaltenden und –bildenden Gehölzen, sind hier wichtige Helfer.

■■■ Die einheitliche Materialverwendung schafft Ruhe und tut dem Auge gut.

■■■ Heller Kies holt viel Licht in den Garten.

■■■ Die Pflanzung ist abwechslungsreich und spannend, aber angenehm in ruhigem Grün gehalten – so entsteht Weite – und lebt besonders von den Strukturen und Texturen.

■■■ Sichtschutz nach außen und wohnliche Atmosphäre im Inneren schaffen begrenzende Hecken.

93

In einem etwas versteckten Gartenzimmer ist, behütet und beschattet vom Blätterdach eines Baumes, der Ort für stilles Genießen. Komfort in Abendstunden bietet die Pollerleuchte.

Immergrüne Formgehölze wie diese Buchskugeln haben ihren großen Auftritt im Winter. Aber auch in sommerlichen Beeten sind sie ein effektvoller Blickfang.

Sozusagen auf die Spitze getrieben wird die Spiralform
mit einer auf greifbare Höhe gehobenen Buchskugel
in ihrem Zentrum. Der benachbarte Sitzplatz bietet einen
Logenplatz mit Blick auf das formvollendete Gärtchen.

Wie ein Portal zu einem herrschaftlichen Garten flankieren Säulen aus Klinker den Eingang. Mit der gestaffelten Pflanzung, die den Garten umgibt, gewinnt dieser optisch an Größe und Tiefe.

Ein Bild von einem Garten

Die Gestaltung von Gärten ist, so sagen viele, eine Kunst. Man arbeitet mit Formen und Farben, mit Wuchsformen, mit Blattformen und –oberflächen, mit den verschiedensten Materialien, toten wie lebendigen, und komponiert sie zu einem Garten, der Atmosphäre hat und Stimmung macht. Dabei berücksichtigt man die Besonderheiten des Ortes und behält immer auch die Zeit, die Zukunft im Auge. Denn ein Garten ist im besten Fall ein Kunstwerk, immer aber ein lebendiges und sich laufend wandelndes Werk.

Gartenkunst en miniature

Ein wahres Kleinod, Gartenkunst auf engstem Raum, zeigt dieses kleine Gärtchen. Wie ein erleb- und erfahrbares Bild breitet es sich vor dem Betrachter aus. Die schwungvolle Form der Spirale wirkt dynamisch und doch auch barock. Sie ist ein Ausdruck von Formverliebtheit, zweckfrei und einfach nur schön. Außerdem unterstreicht diese Form die Konzentration auf die Form, auf eine einzige Pflanze, den Buchs (*Buxus sempervirens 'Suffruticosa'*), auf die eine Farbe des kräftig dunklen Grüns. Die hell kontrastierende Splittdecke ist zurückhaltend und lediglich Leinwand für die Form. Decken aus feinem Kies oder Splitt sind in kleinen Gärten immer dann die erste Wahl, wenn zwar große Flächen befestigt werden sollen, es aber nicht erwünscht ist, dass diese gestalterisch im Vordergrund stehen oder ihr Fugenbild die Raumwirkung beeinflusst. Solche Flächen spenden dem Auge Ruhe und geben immer dem Gartengeschehen rundum den Vortritt.

Gerade zu moderner Architektur ist ein formaler Garten eine adäquate Antwort. Betont asymmetrisch ist dieser Entwurf, ein deutliches Bekenntnis seiner Zeit. Von ihm geht nicht nur Ruhe, sondern zugleich Spannung und Dynamik aus.

Dem Raum eine Form geben

Sehr oft, wenn es an Platz fehlt, also im kleinen Garten, liegt man richtig mit einer formalen Gestaltung. Sie setzt in den engen Grenzen klare Linien, die hier wohl tuende Ordnung schaffen und Ruhe ausstrahlen. Darüber hinaus passen sie perfekt zur Architektur. Schließlich gehen in kleinen Gärten Haus und Garten, Architektur und Natur eine sehr enge Verbindung ein. Wird der formalen Gestaltung das Prinzip der Symmetrie zugrunde gelegt, strahlt sie vollendete Ruhe aus. Symmetrie ist Ausgewogenheit und Harmonie in reinster Form. Symmetrie ist gefällig und erzeugt einen eleganten Rahmen für die Pflanzen des Gartens. Zudem kann sie gerade kleine Räume durch Achsen und damit Perspektive optisch weiten.

Doch wer nun denkt, formal ist zwangsweise streng, der irrt. Pflanzen halten sich, außer sie werden durch strengen Formschnitt im Zaum gehalten, nicht an geometrische Formen, Winkel oder Kreise. Kombiniert mit üppigem Grün, wird ein Garten auch mit eigentlich strengen Linien schnell zu einem Ort der Romantik, wie schließlich auch viele historische Gärten beweisen. In ihnen wie auch in ihren zeitgenössischen Nachfahren sind Formgehölze der perfekte Gegenspieler zu frei wachsenden Pflanzen. Beide steigern sich wechselseitig in der Wirkung. Variationen von Grüntönen in der Bepflanzung oder nur wenig Farben bei den Blüten unterstützen die angenehm ruhige Stimmung.

Ohne die belebenden Pflanzen
wäre jeder formale Garten nur
starre, langweilige Hülle.
Hier fasziniert eine wertvolle
gelbe Seerose (*Nymphaea-
Hybride*) mit ihrem glänzenden,
plakativen Laub.

Schauobjekt für Formverliebte.
Das strenge Spiel mit
Formaten, Größen,
Proportionen, Materialien und
Elementen wird durch
verschiedene Ebenen auch in
die dritte Dimension gehoben.

Refugien für Mensch und Natur

Gärten in der Stadt

Städte sind die Orte, an denen der Mensch der Natur am fernsten ist. Hier hegt er aber gleichzeitig die meiste Sehnsucht nach dem Grün.

Grüne Stammplätze und Neueroberungen

Besonders kostbar sind Dinge immer dann, wenn sie nur rar und dünn vertreten sind. So verhält es sich auch mit Gärten. Wer nur ein kleines Fleckchen Grün sein Eigen nennt, wer in dicht bebauten Gegenden und Innenstädten wohnt und wer zuvor ohne eigenen Garten leben musste, wird seinen Garten, und sei er noch so klein, auf keinen Fall vermissen wollen.

Gerade in der Stadt, wo dichte Besiedlung und Versiegelung das Bild bestimmen und auch das Klima negativ beeinflussen, zu höheren Temperaturen und geringerer Luftfeuchtigkeit führen, sind die grünen Inseln zwischen den Gebäuden sehr wichtig. Sie schaffen es wie kein anderer Faktor, das Leben in der Stadt lebenswerter zu machen. Sie verschönern unser Wohnumfeld, sind also eine Freude fürs Auge. Wichtiger noch sind sie aber für unsere Psyche. Es ist wieder einmal das Naturerlebnis, das uns Ruhe und Kraft gibt, das uns die Hektik, die wir vielleicht erst kurz zuvor auf der Straße, bei der Arbeit erlebt haben, vergessen lässt. Gerade die kleinen Stadtgärten sind echter „Lebens"-Raum, Raum für uns, in dem wir aufleben, aufatmen und durchatmen können, aber auch Raum für Tiere, die in der naturfremden Struktur der Städte und ihrer Straßen sonst kaum noch einen Winkel finden können, wo sie existieren oder auch nur rasten und sich ernähren können.

Gärten, eigentlich jede Form von Grün, sind die Klimaanlage einer Stadt. Ohne Pflanzen und grüne Freiräume würde uns besonders im Sommer schnell die Luft zu dünn und zu heiß werden. Der ausgleichende Faktor ist im Kleinen, im Garten selbst, am deutlichsten zu spüren. Die niedrigeren Temperaturen, die höhere Luftfeuchtigkeit durch die Verdunstung, erfrischender Schatten, eventuell auch Geräusche von plätscherndem Wasser, von Vogelgezwitscher oder summenden Bienen, die belastenden Lärm auszublenden vermögen, machen in brütender Hitze, in einer aufgeheizten Stadt, Gärten zu wahren Oase. Dann werden sie zweifellos ihre höchste Wertschätzung erhalten. Aber auch die Stadt mit ihrem Kleinklima profitiert erwiesenermaßen, wenn es so viel Grün wie nur möglich gibt. Sie wird für jeden Baum, jede Kletterpflanze, jedes noch so kleine Beet dankbar sein. Denn viele kleine Teile wachsen schließlich zu einer großen, einflussreichen Summe heran.

Alte, gewachsene Gärten

Manche Gärten sind erst in der heutigen Zeit entstanden, auf Restflächen, in Zwischenräumen, gewissermaßen Produkte des Zufalls. Doch natürlich gab es auch früher schon priva-

Heller Kies und die Farben Weiß und Lichtgrau an der Fassade sorgen für heitere Atmosphäre.

Ein kleines Altstadtgärtchen mit romantischem Flair. Geschnittene Hecke und Rosenbögen trennen die beiden Gartenzimmer und schaffen so trotz der wenigen Fläche zwei Räume mit unterschiedlichem Charakter.

Lackiert in kräftig bunten Farben, schaffen die
Gartenmöbel eine heitere Atmosphäre in dem kleinen
Hinterhofgarten. Ein Beispiel dafür, dass man schon
mit geringen Mitteln viel bewirken kann.

te Gärten in der Stadt. Schöne Bürgergärten, die auf eine jahrhundertealte Geschichte zurückblicken und noch heute wichtige Zeugen ihrer Zeit sind, konnten in manchen Städten erhalten werden und sind deshalb so noch heute zu bewundern. Doch auch wenn sie ihre Gestalt verändert haben, sind sie als private Refugien und wichtiges innerstädtisches Grün unersetzlich. In der Regel sind sie von der Straße abgewandt und hinter dem Haus gelegen, über ein Tor im Haus oder aber in einer abschließenden Mauer von der Rückseite her erschlossen. Da die umliegenden Häuser häufig nicht allzu hoch sind und die Gärten oft eine gewisse Tiefe haben, kommen sie meist in einen guten Sonnengenuss. Glücklich kann sich schätzen, wer in einer historischen Altstadt ein solches Kleinod besitzt. Ein gewachsener, alter Baum- und Pflanzenbestand ist von unschätzbarem Wert, ebenso wie Gestaltungselemente und Ausstattung vergangener Zeiten.

Hinterhöfe und Passagen

Mit der Industrialisierung veränderte sich in vielen Fällen, auf jeden Fall in den großen Städten, die historische Stadt. Im Bestand wurde neu gebaut, verdichtet. Viel von dem schönen alten Grün musste so mehrgeschossigen Miethäusern weichen. Zwischen den Gebäuden blieben meist nur noch kleine Restflächen, kleine Höfe und Passagen, in die sich wegen der hohen Häuser kaum ein Sonnenstrahl vorkämpfen konnte. So fristeten die meisten dieser Höfe ein trauriges Schattendasein und hatten nur eine Funktion, nämlich die Belichtung der rückwärtig gelegenen Räume zu sichern. Die Chance, aus Hinterhöfen grüne Oasen zu machen, wurde erst recht spät begriffen und wahrgenommen. Doch in den letzten Jahrzehnten wurde so mancher vormals triste Hinterhof aus seinem Dornröschenschlaf gerissen und in ein kleines Paradies verwandelt. Viele Städte haben deren Potenzial und Bedeutung für die Wohnqualität, gerade in den engen und alten Vierteln, und deren Attraktivität erkannt und durch gezielte Förderprogramme die Schaffung solcher neuer Oasen unterstützt.

Buchseinfassungen, üppig umrankter Rosenbogen und Staudenbeete passen mit ihrer romantischen Ausstrahlung perfekt in das Fachwerkensemble.

Tipp

Hinterhöfe werden zu grünen Oasen mit

- kleinen Bäumen und Sträuchern – falls der Platz ausreicht.
- Schatten- und Halbschattenstauden, die besonders durch attraktives Laub glänzen.
- Kletterpflanzen, die Wände erobern.
- Immergrünen, die auch im Winter schön sind.
- Kübelpflanzen, die die Atmosphäre aufheitern und mit schönen Töpfen das Auge erfreuen.

Vom geschützten Sitzplatz aus wirkt der Garten wie ein verwunschenes Paradies. Frei wachsende Sträucher an den Seiten verwischen die Grundstücksgrenze.

Räume gliedern

Grundstücke, die lang und schmal sind, bereiten vor allem ein Problem. Um nicht langweilig zu wirken, müssen sie in irgendeiner Weise gegliedert werden. Wenn nicht die ganze Tiefe des Gartens erkennbar ist, wir über die wahre Größe des Grundstückes im Unklaren gelassen werden, erhöht das den Reiz des Gartens. Verschiedene hintereinander liegende grüne Kabinette, von denen jedes einen ganz eigenen Charakter besitzen kann, sind besonders faszinierend. So tauchen wir beim Erkunden des Gartens alle paar Schritte in eine neue Atmosphäre ein.

Auch der Garten auf dieser Seite ist ein „Handtuchgarten". Wesentlich länger als breit ließe er sich ohne entsprechende Gestaltung auf einen Blick erfassen. Von den oberen Stockwerken tut er das in jedem Fall – ein Problem, das sich bei mehrgeschossigen Wohnhäusern zwangsweise immer ergibt. Mit ein paar geschickten Tricks wurde dem Dilemma hier begegnet. Schlichte Rankbögen aus weiß lackiertem Eisen geben, obwohl jeder der Bögen Abstand zu seinem Nachbarn sucht, das Gefühl, durch einen überdachten Laubengang zu gehen. Dieser Laubengang macht den mittleren Teil des Gartens zur attraktiven Passage zwischen den beiden Polen Haus und überdachter Sitzplatz. Gleichzeitig vermittelt er, zusammen mit Hecken und einzelnen Sträuchern, beim Sitzplatz das Gefühl, vor Blicken geschützt zu sein.

Der Freisitz am Ende des Gartens erinnert an eine Loggia. Kübelpflanzen leiten zum Garten über.

Der Versatz in den Bögen, der bewusste Bruch in der Achse lässt beim Durchschreiten des Ganges über das Ziel im Unklaren. Ein „Täuschungsmanöver", das den Garten größer wirken lässt.

106

Gleich zwei Sitzplätze haben in
diesem schönen Hinterhof Platz
gefunden. Der intimere
ist rundum grün eingehüllt
und gewinnt so an geschützter
Atmosphäre.

Tristes Grau wird grüner Dschungel

Eng, vernachlässigt, schattig und unansehnlich
fristen viele Höfe zwischen und hinter Gebäuden ein trauriges Dasein. Man will sie oft so
rasch wie möglich hinter sich lassen. Wie un-
recht man ihnen damit tut, erkennt man erst,
wenn sie sich zur grünen Oase entpuppen dürfen. Jeder Hof birgt diese Chance in sich, er
braucht nur jemanden, der ihn aus seinem
Dornröschenschlaf erweckt.

Begrünte Hinterhöfe sind zurückeroberte
Territorien für ein kleines Stückchen Natur
mitten in der Stadt. Und sie bergen für uns die
Möglichkeit, in sich einen Garten, einen einla-
denden Aufenthaltsort für das Leben im Freien
ganz neu zu schaffen. Manches sollte beachtet
werden, denn viele Hinterhöfe haben Gemeinsamkeiten. Oft sind sie eher schattig und kühl –
zunächst nicht die Voraussetzungen für einen
Traumgarten. Doch gerade dieser Nachteil
erweist sich am Ende auch als deren Vorteil. An
heißen Sommertagen, die in Innenstädten oft
mit praller Sonne, Schwüle und unerträglich
flirrender Hitze verbunden sind, werden die
kühlen Höfe zum geschätzten Anlaufpunkt, um
sich zu erholen und zu erfrischen.

Wer die Pflanzen entsprechend wählt, kann
sich einen pflegeleichten, grünen Dschungel
schaffen. Im Schatten ist das Blatt der König, die
unendlich vielen Abstufungen des Grüns, die
unterschiedlichsten Blattformen. Blüten, etwa
von Astilben, Wald-Geißbart, Funkien, Elfen-
blume oder Silberkerzen, setzen dazwischen
für kurze Zeit glanzvolle Lichtpunkte.

In Höfen ist es häufig
schwierig, genügend
Erdreich einzubringen,
um ein vernünftiges Pflanzen-
wachstum zu erreichen.
Hochbeete sind da eine gute
Lösung und können auch gut
in die Gestaltung einbezogen
werden.

Pflanzen allein bringen
oft selbst schon so viel
Stimmung in einen Hof, dass
auch ein alter, eigentlich
unansehlicher Betonboden
überhaupt nicht mehr stört.

Charmante Kulissen

Hinterhöfe und Altstadtgärten verbindet, dass sie beide mitten in der Stadt gelegen, von der Straße aus nicht einsehbar und durch diese Vorgaben echte Rückzugsorte sind. Beide sind äußerst wichtiger Ausgleich für fehlendes Grün in engen Gassen und dicht bebauten Wohnvierteln, wo sich Fassade an Fassade drängt.

Mit diesen – zugegebenermaßen für den Nutzer sehr positiven und wichtigen Eigenschaften – ist aber in der Regel auch schon Schluss mit den Gemeinsamkeiten.

Was beide wohl am meisten trennt, ist Licht und Schatten. Gärten in historischen Altstädten haben meist doch ein wenig mehr Platz, auf dem sie sich ausbreiten dürfen. Sie sind keine dunklen Schluchten zwischen hohen Häuserfassaden. Das gibt bei der Wahl der Pflanzen viel mehr Spielraum.

Und Gärten in einer historischen Altstadt sind eingebunden in ihre Umgebung. Schöne Fassaden, die wahre Schmuckstücke sind, muss man im Gegensatz zu unansehlichem Mauerwerk auch nicht verbergen. Im Gegenteil, das schöne Umfeld ist Bereicherung für den Garten und soll auch keinesfalls verdeckt werden, sondern vielmehr in die Gestaltung und Stimmung des Gartens einbezogen werden.

Kleine Altstadtgärten haben noch einen Vorteil, den kein Garten an einem mehrgeschossigen Haus mit zahlreichen Wohnungen haben kann. Ihre Privatheit ist gesichert, weil das dazugehörige Haus oft nur eine Wohnung beherbergt. Schutz vor Einblicken von oben, etwa in Form von Pergolen, sind bei Sitzplätzen nicht erforderlich. Abstand zu den Nachbarn schaffen entweder den Garten begrenzende Gebäude, frei wachsende oder geschnittene Hecken oder ein attraktiver geschlossener oder halb transparenter Sichtschutzzaun.

Der Vorteil eines alten Gartens ist, dass man auf Bestehendes zurückgreifen kann, nicht nur im Umfeld, sondern im Garten selbst. Ein schöner alter Laubbaum oder Obstbaum ist so schnell durch nichts zu ersetzen, rührt sein Wert doch aus der langen Zeit, für die er Zeuge ist und die seine Schönheit geschaffen hat.

Mit der Diagonalen kommt Spannung in die Fläche. Terrassen dürfen auch in kleinen Gärten großzügig bemessen sein. Wichtig ist nur, dass sie z. B. durch Pflanzen gut eingebunden sind.

Wände und Sichtschutzzäune gewinnen durch Kletterpflanzen:

- ▪▪▪ Attraktiver Blütenzauber zeichnet Waldreben (*Clematis* in Arten und Sorten*), Trompetenblume (*Campsis radicans*), Geißblatt (*Lonicera caprifolium* u. a.), Kletterhortensie (*Hydrangea petiolaris*) und Kletterrosen aus.
- ▪▪▪ Auffälligen Fruchtschmuck trägt der Baumwürger (*Celastrus orbiculatus*).
- ▪▪▪ Essbare Früchte liefern Echter Wein (*Vitis vinifera*) und Strahlengriffel (*Actinidia arguta, A. chinensis*).

Der Garten lebt stark von seinem Bestand – von dem Baum, der Schatten spendet und das Bild rahmt, und von der herrlichen alten Bausubstanz als Kulisse.

Kübelpflanzen flankieren die bescheidene Tür zum Garten und wirken wie eine einladende Geste.

Abgesenkte Sitzplätze im Garten sammeln die wärmenden Strahlen der Sonne. Naturstein wirkt hier wie ein Wärmespeicher, der auch noch am Abend, wenn sich die Sonne längst verabschiedet hat, für einen angenehmen Aufenthalt sorgt.

Selbst in einem Atrium ist Platz für einen – aber bitte unbedingt klein bleibenden – Baum. Zierkirschen und – äpfel, Felsenbirnen, Strauchmagnolien oder schmuckvolle asiatische Ahorne bieten sich an.

Ein unzertrennliches Duo

Ein Atrium ist kein Garten, der zu einem Haus gehört oder bei einem Haus liegt. Ein Atrium ist selbst Teil des Hauses, untrennbar mit ihm verbunden. Beide bilden eine Einheit.

Zunächst dienen Atrien als Lichthöfe für die umliegenden Räume. Um eine möglichst große Ausbeute an Helligkeit in den Räumen zu ergattern, holen oft große Glasflächen oder bodentiefe Fenstertüren viel Licht ins Innere des Hauses. Damit ist die einmalige Gelegenheit gegeben, Innen- und Außenraum fließend miteinander verschmelzen zu lassen, sodass mit dem Innenhof tatsächlich ein neuer Raum gewonnen ist, dessen Besonderheit es ist, sich zum Himmel zu öffnen. Einheitliche Materialverwendung innen wie außen verstärkt dieses

Gefühl von Einheit noch, ebenso Parallelen in der Möblierung und Ausstattung.

Atrien sind Orte der Stille, eine fast klösterlichmeditative Stimmung bestimmt ihren Charakter. Das meist vorherrschende kühle, schattige Klima unterstützt diesen Eindruck noch.

Wie kein anderer Gartenraum werden die Innenhöfe von Atriumhäusern von der Architektur bestimmt. Kein Wunder, sind sie doch allseitig von Mauern umgeben und geschützt. In der Konsequenz passen hier besonders gut formal-strenge Gestaltungsmotive, die in enger Korrespondenz mit dem Haus stehen. Bei den Pflanzen kann dank des geschützten Standorts auch auf etwas heiklere Pflanzen zurückgegriffen werden.

Die raumhohe Verglasung
erzeugt in Atriumhäusern
die unvergleichlich enge
Verbindung von innen und
außen.

Keine Angst vor strengen
Formen. Sie passen bestens in
solche Gartenhöfe und werden
schließlich vom freien Wuchs
der Pflanzen zum Teil
gebrochen.

Gärten, die vor Pflanzen überzuquellen scheinen, wirken besonders kraftvoll und dynamisch. Sie müssen aber nicht pflegeaufwändig sein, wie dieser vielfältige kleine Innenhof beweist.

Naturgenuss im Überfluss

Für manche Menschen sind die Pflanzen das, was sie an ihrem Garten am meisten schätzen. Ihr Hauptanliegen ist es, so viele und so viel verschiedene Pflanzen wie möglich in ihrem grünen Reich unterbringen, diese beim Wachsen und Gedeihen beobachten und sich schließlich an ihrer vollendeten Schönheit weiden zu können. Der Garten als Wohnraum, als Raum, der für den Menschen da ist, steht bei solchen Pflanzenliebhabern an zweiter Stelle.

Es ist wohl eher genau umgekehrt, sie wollen mit ihrem Garten Raum für die Pflanzen schaffen und diesen ihnen zur Verfügung stellen.

Luxus und Bescheidenheit

Solche Menschen empfinden auch die notwendigen Pflegearbeiten nicht als lästige Notwendigkeit, um ihren grünen Ruheraum in Ordnung zu halten, sodass man ganz entspannt und in Muße schöne Stunden im Freien verbringen kann. Sie suchen und finden ihre

Entspannung bei der Arbeit im Garten, mit den Pflanzen und mit den Elementen.

Pflanzenliebhaber bestimmen zwar sehr wohl über „ihr" Pflanzenreich, sie lenken es und greifen ein. Nie sollte man aber die Eigenart ihrer Schützlinge bezwingen, sondern sie vielmehr ins beste Licht Rücken und ihnen die ideale Rahmenbedingung schaffen.

Als respektvoller Beobachter und Bewunderer zieht der Mensch sich hier auf seinen Aussichtspunkt, den Sitzplatz, zurück. Der kann sowohl am Rande des Geschehens den besten Ausblick bieten oder aber sich mitten hineinversetzen in das grüne Getümmel und bunte Treiben, damit der Gartenfreund sein Paradies auch in ganz entspannten Momenten mit allen Sinnen erfassen und das Werk seiner unermüdlichen Arbeit genießen kann.

Solche Gärten sind Luxus durch die Üppigkeit, die sie ausstrahlen, und zugleich Bescheidenheit, da hier der Mensch ganz klar Natur und Pflanzen den Vortritt gibt und sich auf die Rolle des Gärtners, des Helfers und Beobachters zurückzieht – um daraus am Ende doch großen Gewinn für sich zu erzielen. Wieder einmal hängt der Luxus solcher Gärten nicht von ihrer Fläche ab, sondern von der liebevollen Pflege und Zuwendung, die sie aufblühen lassen, und der geschmackvollen Wahl und Komposition der Pflanzen.

Der Charakter der Pflanzen

Natürlich sollte ein pflanzenbetonter Garten nicht einfach Wildwuchs sein, sondern wie ein lebendiges Kunstwerk, das zum Erkunden verlockt und immer neue Schönheiten und Überraschungen in sich birgt. Kleine Gartenparadiese gewinnen am meisten, wenn man mit Wuchsformen, mit Blattformen und -oberflächen und der unendlichen Vielschichtigkeit der Farbe Grün arbeitet, die allein schon Motiv genug für einen ganzen Garten wäre. Apropos Farben – ein „Farbkasten" sollte ein kleiner Garten nicht werden. Besser ist es hier, sich auf bewährte Farbzweiklänge und -dreiklänge oder harmonische Farbverläufe und Ton-in-Ton-Bilder zu beschränken.

Die auffälligen Stühle sind Kunstwerke und farbiges Ausrufezeichen. Sie scheinen selbst die Besucher und Beobachter in diesem Garten zu sein.

Spannung entsteht durch die Kombination verschiedener Wuchsformen:

■■■ Aufrecht, z. T. stramm sind viele Gräser und Stauden wie Iris, Steppenkerzen oder schilfartige Wasserpflanzen.

■■■ Horstig sind z. B. Funkien oder Taglilien.

■■■ Flächig, teppichartig wachsen viele niedrige Stauden wie Günsel, Thymian oder Gedenkemein.

■■■ Pultartig flächig präsentieren viele Prachtstauden ihre Blüten.

■■■ Überhängend zeigen sich u.a. Tränendes Herz, Salomonssiegel oder Bambus.

Dachgärten – Panoramablick über die Stadt

Noch eine weitere Form von Garten hat in der Stadt Tradition: Dachgärten und Dachterrassen. Entweder werden sie bewusst geplant, um die Qualität und den Wert der Wohnung ganz erheblich zu steigern, oder sie entstehen gewissermaßen als Zufallsprodukt aus der Umnutzung bestehender flacher Dächer. Letzteres erfreut sich zunehmender Beliebtheit, ist doch der Freiraum schon da und liegt nur ungenutzt brach. Er wartet eigentlich nur darauf, dass endlich jemand sein Potenzial entdeckt und ihn aus seinem Dornröschenschlaf erweckt. Und solche Dächer gibt es viele in der Stadt. Vormals öde und unwirtlich, werden sie nach ihrer Verwandlung zu grünen Wohnräumen voller Leben. Und sie werden zum Lebensraum für die Menschen, die hier ganz wohnungsnah privaten Raum für Erholung „im Grünen" gefunden haben. So ein Garten, der vom Boden einfach ein paar Stockwerke höher gewandert ist, hat im Vergleich zu anderen städtischen Gärten und Ersatzgärten einige Vorteile. Ein gewisser Sichtschutz ergibt sich allein schon durch die „Abgehobenheit". Das Problem mit neugierigen Passanten, die vielleicht in den Garten schauen, erledigt sich also von selbst. Nur vor Beobachtern aus umliegenden Wohnungen muss man sich, je nach Lage des Dachgartens, eventuell schützen. Ansonsten gewinnen sie auch durch die schöne Aussicht. Und Dachgärten und –terrassen können im Gegensatz zu ihren Kollegen in luftiger Höhe, den Balkonen und Loggien, mit einem weiteren Vorzug aufwarten. Sie bieten in der Regel ein gutes Stück mehr Platz, sodass man die Fläche vielfältig nutzen und sich bei der Ausgestaltung großzügiger „austoben" kann. Auf einer solchen Fläche kann man gut und gerne auch ein kleines Sommerfest feiern, Kindern steht genügend Platz zum Spielen zur Verfügung, und man kann gärtnern, sogar mit kleinen Bäumen und Sträuchern und dauerhafter Staudenpflanzung.

Schöne Kübelpflanzen beleben jeden Dachgarten und verbreiten Urlaubsstimmung.

Neubau oder Altbau

Fast in der gleichen Weise wie beim ebenerdigen Garten, entscheiden auf dem Dach in ähnlicher Weise die vorgegebenen „Standortfaktoren" über Gestaltung und Pflanzenauswahl. Ist der Dachgarten schon beim Bau des Hauses mit vorgesehen, sind die Möglichkeiten natürlich erheblich größer. Die Statik des Daches kann von vornherein so konzipiert werden, dass flächig Substrat aufgetragen und sogar Bäume und Sträucher direkt gepflanzt werden können. Für solche Pflanzungen sind Substratschichten von 30 bis 40 cm das unbedingte Minimum, für größere Gehölze muss punktuell zusätzlich modelliert werden. Bei der Umnutzung alter Dächer entstehen wegen feststehender Vorgaben in der Regel eher Gärten in Töpfen und Kübeln mit mediterranem Charme.

Hochwertige Gartenmöbel aus witterungsbeständigem Material sind eine lohnende Investition, die sich durch ihre lange Haltbarkeit und Schönheit bezahlt machen.

Brüstungsgeländer aus engmaschigen Metallrosten vermitteln einerseits ein Gefühl von schützender Geschlossenheit, andererseits wirken sie durch die noch vorhandene Trasparenz nicht beengend.

Zimmer mit Aussicht

In einem Punkt sind Dachgärten ihren bodenständigen Kollegen haushoch überlegen. Nur sie können einen so fantastischen Blick auf die Stadt bieten. Vorausgesetzt natürlich, sie liegen in einem höheren Stockwerk und sind nicht selbst eingebaut. Dann nämlich wird man sich in sein grünes Paradies eher „einigeln" und das Umfeld ausblenden wollen. Ist dem Auge beim Blick nach draußen aber einiges geboten, so wird man das Panorama seiner Stadt oder einzelne Höhepunkte unbedingt in seinen Dachgarten einbeziehen wollen. Wenn sich der Garten nicht nur zum Himmel, sondern auch zu den Seiten hin öffnet und damit die Stadt in den Garten geholt wird, ist viel gewonnen. Nicht nur die einmalige Aussicht, sondern auch

Raum. Ein solcher Dachgarten fühlt sich einfach größer an, hier lässt es sich tief durchatmen. Und die Sonne in vollen Zügen genießen. Schließlich finden auch ihre Strahlen ungehinderten Zugang zum grünen Wohnzimmer auf dem Dach.

Ganz ungeschützt soll der geschätzte Freiraum nun doch nicht sein. Schließlich ist zu bedenken, dass ein Garten, je höher er liegt, auch einer intensiveren Strahlung ausgesetzt ist. Übrigens auch stärkerer Windeinwirkung. Abhilfe gegen übermäßige Sonneneinstrahlung ist schnell geschaffen mit Sonnenschirmen oder in Sonderfällen auch Markisen. Vor Zugluft schützen am besten Brüstungsmauern, aber auch dichte Gitterfüllungen im Geländer oder eine Verkleidung mit Segeltuch.

Die schwungvollen Panton-
Sessel aus Kunststoff, eigentlich Möbel für den Innenbereich,
sind mit ihrer signalroten Farbe
das dominierende Element der
Terrasse und vermitteln wunder-
bar zwischen innen und außen.

Raffiniert Ton in Ton gesellen
sich Sessel, Klinkermauer und
rote Sommerblumen von
Kapuzinerkresse (*Tropaeolum
majus*) über Geranien (*Pelargo-
nium-Hybride*) bis zum Fleißigen
Lieschen (*Impatiens walleriana*)
nebeneinander.

Zur Straße hin schirmt eine Reihe mit Kugel-Trompetenbäumen (*Catalpa bignonioides ´Nana`*) ab. Der sehr langsam wachsende kleine Baum ist gut geeignet als Containerpflanze.

Verstecktes Paradies

Doch nicht nur Dachgärten mit weit reichendem, freiem Blick haben ihre Vorzüge. Gärten mitten zwischen Häusern haben ihren ganz eigenen Charme, versetzen trotz ihrer kleinen Fläche in eine andere Welt und lassen eine eventuell unansehnliche Umgebung, nackte Fassaden und Straßenlärm augenblicklich vergessen. Und sie können genauso ohne weiteres auch von ihrem Umfeld profitieren und es Gewinn bringend in ihre Gestaltung einbeziehen – obwohl sie sich selbst vor Einblicken verstecken und zu schützen wissen. Wie im Garten auf diesen Seiten zu sehen ist, dem die Bäume in unmittelbarer Nachbarschaft als herrliche Kulisse dienen. So stellt sich auf ganz natürliche Weise und ohne weiteres Zutun eine direkte Verbindung von städtischem Grün und ganz privatem, zurückgezogenem Refugium her. Die Bäume vermitteln Geborgenheit und schirmen ab. Mithilfe ihres Blätterdachs zaubert die Sonne faszinierende Bilder aus Licht und Schatten in den Garten, die sich ständig im Wandel befinden. Im Herbst führen sie aus nächster Nähe das Spektakel ihres in warme Töne tauchenden Blätterkleides vor, und das Rascheln ihres fallenden Laubes begleitet warme Herbsttage in goldenem Sonnenlicht mit seinem sanften Geräuschorchester. Im Winter geben die bloßgestellten Baumgestalten der Szene den nötigen Halt und Rahmen.

Auf der Mauerkrone und am Mauerfuß reihen sich Kräuter, Stauden und eine Bauern-Hortensie (*Hydrangea macrophylla*) zur Topfparade aneinander.

Wenn Balustraden und Säulen zusammen mit einer berauschenden Fülle an Kübelpflanzen einen solch imposanten Rahmen schaffen, dürfen Boden und Möblierung auch gerne einmal ganz bescheiden in den Hintergrund treten.

Perfekte Tarnung

Manchmal sind Dachgärten als solche auf den ersten Blick gar nicht erkennbar. Der Garten auf diesen Seiten belegt das auf eindrucksvolle Weise. Erst beim zweiten Hinsehen bemerkt man, dass er sozusagen über den Dingen steht. Über eine Treppe gelangt man vom Straßenniveau hinauf in den ersten Stock zu dem romantischen Rosengarten. Eine geschnittene Hecke verdeckt die Brüstungsmauer und ist so perfekter Komplize beim Spiel mit der Illusion vom bodenständigen Garten. Klassische Kübelpflanzen zusammen mit bodenständigen Gartengehölzen in Containern wirken raumbildend und rahmen den Garten. Auch hier bemerkt man erst auf den zweiten Blick, dass diese Gehölze sich an ihrem Platz nicht dauerhaft sesshaft gemacht haben, sondern mobile Begleiter sind. Während dekorative Blüher wie Oleander (*Nerium oleander*), Enzianstrauch (*Solanum rantonnetii*) oder Fuchsienbäumchen (*Fuchsia*-Hybride) reine Kübelpflanzen sind, also in unserem Klima keinesfalls im Freien überwintern können, dürfen normale Gartengehölze in Kübeln, Containern und Trögen durchaus ganzjährig an Ort und Stelle bleiben. Ein gutes Stück mehr Pflege als ihre Genossen im Garten benötigen sie allerdings schon – darüber muss man sich im Klaren sein. Wichtig sind in erster Linie ein passendes Substrat, kontinuierliche Pflege und Frostschutz im Winter. Gartenerde ist als Substrat keinesfalls geeignet. Es empfiehlt sich, spezielle fertige Substrate zu verwenden. Der Kübel sollte selbstverständlich so groß wie möglich gewählt werden, das gewährt Standfestigkeit, weniger Pflegeaufwand und Entwicklungsmöglichkeit für die Pflanze. Umtopfen ist etwa alle drei Jahre angesagt. Im Winter gibt eine isolierende Schicht um das Pflanzgefäß den notwendigen Frostschutz. Man kann dazu den Kübel z. B. in ein größeres Gefäß stellen und den Hohlraum mit Laub oder Styropor füllen oder Noppenfolie mehrfach um den Kübel wickeln.

Nicht alle Gartengehölze fühlen sich wohl beim anstrengenden Leben im Kübel. Bewährte Kübelpflanzen sind:

In einer Ecke des Gartens lädt eine Pergola mit schützender Rückendeckung ein zum Blick auf das Gartenidyll.

■■■ Größere Gehölze mit raumbildendem und Sichtschutzcharakter: Feuer-Ahorn (*Acer ginnala*), Rostbart-Ahorn (*Acer rufinerve*), Kupfer-Felsenbirne (*Amelanchier lamarckii*), Kugel-Trompetenbaum (*Catalpa bignonioides ´Nana`*) oder Weidenblättrige Birne (*Pyrus salicifolia*).

■■■ Immergrüne Begleiter: Immergrüne Berberitze (*Berberis* in Arten), Buchs (*Buxus sempervirens*), Gewöhnliche Mahonie (*Mahonia aquifolium*) oder Lorbeer-Kirsche (*Prunus laurocerasus*).

■■■ Gehölze mit dekorativem Wert: Eisenhutblättriger Japan-Ahorn (*Acer japonicum ´Aconitifolium`*), Perückenstrauch (*Cotinus coggygria*) oder Feuerdorn (*Pyracantha-Hybriden*).

Rosenbeete in den Farben Rosa und Pink tauchen den Garten in romantische Stimmung. Oleander als Kübelpflanze ist der ideale Begleiter.

Vom Straßenniveau aus lässt sich der Gartenschatz, der sich auf dem flachen Anbau entfaltet, eigentlich nicht erahnen.

Die halbfetten Seitenzahlen verweisen auf Abbildungen.

125

Alle Angaben wurden gewissenhaft recherchiert und mit großer Sorgfalt überprüft. Dennoch kann eine Haftung für Änderungen oder Abweichungen nicht übernommen werden.

© 2003 Verlag Georg D.W. Callwey GmbH & Co. KG, Streitfeldstraße 35, 81673 München
www.callwey.de, E-Mail: buch@callwey.de

Die Deutsche Bibliothek verzeichnet diese Publikation in der Deutschen Nationalbibliografie; detaillierte bibliografische Daten sind im Internet über: http://dnb.ddb.de> abrufbar.

ISBN 3-7667-1565-8

Layout, Umschlaggestaltung: Nicole Üblacker, München
Titelbild: Christa Brand, Abb.S.29
Umschlag hinten: Nik Barlo jr
Illustrator: Christian Beckmann, München
Litho: Longo, Bozen, Italien
Druck, Bindung: Longo, Bozen, Italien
Printed in Italy 2003

Literaturverzeichnis

- BdB-Handbücher Band I – Laubgehölze, Pinneberg 1990, Band III - Stauden, Gräser, Farne, Sumpf- und Wasserpflanzen, Pinneberg 1993
- Bird, Richard: Kleine Gärten – Planung und Gestaltung, Köln, 1999
- Förster, Karl: Lebende Gartentabellen, Radebeul, 1994
- Hansen, Richard: Die Stauden und ihre Lebensbereiche in Gärten und Grünanlagen, Stuttgart, 1997
- Hielscher, Arno: Gärten gestalten mit Sommerblumen, Radebeul, 1992
- Klock, Peter: Kübelpflanzen, Augsburg, 1995
- Köhlein, Fritz: Kleine Pflanzen für kleine Gärten, Stuttgart, 1989
- Krinner, Claudia: Begrünen von Haus und Balkon, München, 1990
- Niesel, Alfred: Bauen mit Grün, Berlin/Hamburg, 1989
- Tarling, Thomasina: Gartenglück auf kleinem Raum, München/Wien/Zürich, 1996

Gartengestalter

- Ambiente Gartengestaltung, Stender GmbH, Münster, S. 88-89
- Baufrösche, Stadt- u. Bauplanung, Kassel, S. 30-31, 47, 59, 73, hinten rechts
- Boese-Vetter, Helmut, BSL, Kassel, S. 14l, 122-123
- Clark, Ronald, Hannover, S. 38-39, 41o
- Bendig, Lanau + Winkreth, Homburg, S. 10, 12, 13u, 32l, 34u, 40r, 46u, 67l, 68u, 70, 101, ab S. 98 und 103 vignette
- Droll & Lauenstein, Gartenarchitekten BDLA, Coburg, S. 20-21, 52, 90,91
- Ehrig, Chr., Landschaftsarchitekt, Bielefeld, S. 24u
- Garten und Schenken, Gut Zwillingshof, Ismaning, S. 2
- gARTen, Stey + Theiss, Kassel, S. 22u, 34o, 50, 61u, 110-111, 116
- Gartenplan Wollkopf, Hamburg, S. 92-93
- Gut, Ursel, Gartendesign, Bremen, S. 25l, 27
- Haag, Dorothea, Gartenarchitektin, Langenhagen, S. 41u, 53u, 80-81, 82-83, 114-115, hinten links
- Höcker, Uwe, Herford, S. 36, 66u, 74
- Hübotter, Peter, Architekt, Hannover, S. 86-87
- Issmer-Pfromm, Cornelia, Architektin, BDA, Kassel, S. 44
- Isterling, Uwe, IPL, Hamburg, S. 8-9, 56-57, 112-113
- Jahns, Heike Johanna, Avantgardeners, Bremen, S. 18u, ab S. 74 Vignette, 94-95
- Koch + Koch, Garten- und Landschaftsarchitekten BDLA/IFLA, Pähl, S. 18o
- Kreikenbaum + Heinemann, Planer Gruppe, Bremen, S. 84-85, 104-105
- Ladleif Architekten, Kassel, S. 42-43, 45
- Müller Architekten, Hannover, S. 4, 120-121,
- Peglow, Brigitte, Keramikwerkstatt, Ismaning, S. 2, 13o
- Rheims + Partner, Landschaftsarchitekten, Krefeld, ab S. 8 Vignette
- Schümelfeder, Horst, Landschaftsarchitekten, Düsseldorf, ab S. 42 Vignette
- Thol, Herwig, Landschaftsarchitekt, Kassel, S. 11, 71, 108-109
- Viala, Yves E., Architecte, D.P.L.G., München, S. 53o
- Wegener, Christian, Hamburg, S. 76,77,78
- Werner, Hans-Friedrich, Schwarzenbarth + Werner, Vellmar, S. 96-97

Bilder

Christa Brand: S. 2, 13o, 18o, 20, 21, 52, 53o, 90, 91
Alle übrigen Bilder sind von Nik Barlo jr.

Adressen

Möbel und Ausstattung

Dedon GmbH
Am Waldesrand 6
Volkstorf21397 Vastorf/Lüneburg
Tel: 04137/8124-0, Fax: 04137/8124-25
Internet: www.dedon.de
e-mail: office@dedon.de

Garpa
Kiehnwiese 1, 21039
Escheburg bei Hamburg
Tel: 04152/925200, Fax: 04152/925250
Internet: www.garpa.de
e-mail: info@garpa.de

Rausch KG
An der Tagweide 14
76139 Karlsruhe
Tel: 0721/6277-0, Fax: 0721/6277-250

The Teak Tiger Trading Company
Postfach 87
55454 Gensingen
Tel: 06727/5886, Fax: 06727/8166

Trip Trap
Über: Elmar Flötotto Handelsagentur
Am Ölbach 28
33334 Gütersloh
Tel: 05241/9405-21, Fax: 05421/460379

Weishäupl Werkstätten
83071 Stephanskirchen
Tel: 08036/9068-0
Internet: www.weishaeupl.de

Online Gartenshops

gardeningstore.de
net-garden.de

Accessoires

Country Garden
Versand für Garten- und Wohnkultur GmbH
Nagolder Straße 27
72119 Ammerbuch-Pfäffingen
Tel: 07073/2372, Fax: 07073/7226
Internet: www.country-garden.de
e-mail: plasa@country-garden.com

Die Gartengalerie
Monika Tittlbach
Wössinger Straße 15
75045 Walzbachtal-Wössingen
Tel: 07203/1805, Fax: 07203/6336
Internet: www.diegartengalerie.de

Hesperiden
Thomas Fleischmann GmbH
In der Schmalau 4
90427 Nürnberg
Tel: 0911/305888, Fax: 0911/306311

Stephan Kirchner
Munkmarscher Chaussee
25980 Keitum/Sylt
Tel: 04651/35581 bzw. 32266, Fax: 04651/35114
www.kirchner-versand.de

Rosen

Goos Baumschule
Alte Hohl 7
69168 Wiesloch-Baiertal
Tel: 06222/73434, Fax: 06222/73439

Rosengärtnerei Kalbus
90518 Altdorf/Hagenhausen
Tel + Fax: 09187/5729

W. Kordes Söhne
25365 Klein Offenseth-Sparrieshoop
Tel: 04121/4870-0, Fax: 04121/84745
e-mail: Kordes-Rosen@t-online.de

Noack Rosen
Im Fenne 54
33334 Gütersloh
Tel: 05241/20187, Fax: 05241/14085

Walter Schultheis
Rosenhof
61231 Bad Nauheim-Steinfurt
Tel: 06032/81013, Fax: 06032/85890

Rosen Tantau
Tornescher Weg 13
25436 Uetersen bei Hamburg
Tel: 04122/7084, Fax: 04122/7087

Für die Zukunft gestalt

Garten-Paradiese

Die schönsten aktuellen Gartenstile für die perfekte "Oase der Muße". Der Zauber verschiedenartigster Gestaltungsideen wird in jedem der über 400 brillanten Fotos spürbar. Joan Clifton bietet sowohl Inspirationen als auch konkrete Anleitungen zur Umsetzung der Ideen. Über hundert der besten Pflanzenkombinationen ergänzen perfekt den jeweiligen Gartenstil.

Joan Clifton
Traumhafte Gartenparadiese
160 Seiten, 434 Abbildungen.
Gebunden mit Schutzumschlag.
ISBN 3-7667-1551-8

Freiluftoasen mit Wohnkomfort: Gisela Keil gibt Inspirationen zur Terrassengestaltung und präsentiert Ideen für malerische Sitzplätze inmitten des Gartens. Lauben und Pavillons in den verschiedenen Ausprägungen erweitern das umfassende Spektrum der Gartengestaltung. Tipps zu einzelnen Pflanzen und ihren Standorten helfen bei der praktischen Umsetzung.

Gisela Keil
Terrassen und Sitzplätze
128 Seiten, 190 Fotos, 13 Skizzen.
Gebunden mit Schutzumschlag.
ISBN 3-7667-1552-6